Jung e o Ioga
A Ligação Corpo-Mente

JUDITH HARRIS

Jung e o Ioga
A Ligação Corpo-Mente

Tradução de June Camargo

Título original: Jung and Yoga – The Psyche-Body Connection

© *Copyright*, 2004, Judith Harris
com a autorização de Inner City Books (Canadá)
2010 - Em conformidade com a nova ortografia.

Todos os direitos reservados.
Editora Claridade Ltda.
Av. Dom Pedro I, 840
01552-000 - São Paulo - SP
Fone/fax: (11) 2061-9961
E-mail: claridade@claridade.com.br
Site: www.claridade.com.br

Preparação de originais:
Rubens Nascimento

Revisão:
Ivete Batista dos Santos
Ruy Cintra Paiva

Revisão da 2ª edição:
Thiago Lins

Capa:
Lúcio Kume

Editoração Eletrônica:
Eduardo Seiji Seki e Viviane Santos

ISBN 978-85-88386-95-2

Dados para Catalogação

Harris, Judith
 Jung e o Ioga – A Ligação Corpo-Mente /
Editora Claridade, São Paulo, 2010

 1. Jung 2. Psicologia Analítica 3. Ioga
4. Medicina Holística

CDD 157

Sumário

Introdução – Marion Woodman **7**

Prefácio **11**

1 Criação **13**

2 O corpo como recipiente **27**

3 "Quero ser um pássaro" **45**

4 A coluna como eixo entre o céu e a terra **65**

5 Yaakov **111**

6 *Muladhara*, elefantes e a Cabala **127**

7 O fogo da Kundalini **145**

Bibliografia **181**

Introdução

No livro *Jung e o Ioga: A Ligação Corpo-Mente*, Judith Harris atinge o centro da escuridão para encontrar a nova luz. Quando jovem, se dedicou à música e ao prazer de ter seus dedos dançando sobre os teclados do piano. Mas, ao completar vinte anos, foi obrigada a reconhecer que seu próprio corpo padecia, como um instrumento traumatizado, incapaz de reproduzir a música que seus dedos tentavam tocar. Algumas tentativas mantiveram-na em contato com sua força vital: aulas de balé, ioga, buscas desesperadas de um médico a outro. Isso aplacava sua dor física e dava esperança para uma vida que pudesse ser vivida de forma autêntica. O interessante é que ela sabia que em algum lugar dentro de si uma vida esperava para nascer.

Aos poucos, ela tomou consciência de que seus problemas físicos não podiam ser resolvidos sem atenção aos elementos psíquicos que os acompanhavam. Ela passou a fazer análise junguiana de forma coordenada com a prática do ioga. Partindo dessa combinação, teve início seu trabalho sobre corpo e alma e com ele sua jornada com anjos e demônios. Essa matriz tornou-se a fonte de sua atual prática analítica e também deste livro.

Jung e o Ioga: A Ligação Corpo-Mente apresenta um paradoxo central — um paradoxo que todos nós temos de enfrentar se nos submetermos à iniciação que nos leva às profundezas de nossa própria criatividade. Nietzsche declara este paradoxo com naturalidade: A árvore que cresce para o céu deve mandar suas raízes na direção do inferno. É óbvio que uma árvore sem raízes tomba diante de uma tempestade. Mas poucos de nós levamos nossas vidas como se de fato acreditássemos nisso. Jung advertiu várias vezes as pessoas nascidas no Ocidente para que fundamentassem sua prática de ioga no corpo se quisessem desafiar as alturas do *insight* espiritual. No Oriente, o mundo indiano em que o ioga nasceu é firmemente enraizado no solo da mãe matriarcal. A cultura ocidental não; sua mãe (*mater*) é o materialismo — dinheiro e posses que podem desaparecer rapidamente. Se ocorrer essa perda, a vítima da tempestade pode visualizar ou sonhar com uma árvore de cabeça para baixo, com suas raízes alcançando as nuvens. O terror da falta de chão ou fundamento é uma das sombras mais temíveis do patriarcado. A ciência tenta compensar buscando fatos. Uma compensação ainda mais obscura e perigosa está na rejeição do feminino no corpo e na natureza por ser frequentemente considerado irracional, histriônico, frágil, hipersensível — palavras que escarnecem, rejeitam, violam, particularizam e generalizam.

O paradoxo de Nietzsche é uma verdade conhecida por aqueles que já foram forçados a percorrer o terreno belo e brutal de seu próprio corpo ao vagar por sintomas aparentemente inexplicáveis. Nessa selva, o rufar de tambores e a imaginação ativa fornecem o roteiro. Coragem, paciência e confiança rasgam a selva. Cada etapa confirma o paradoxo: a ascensão para o espírito exige a descida ao solo. O solo no ioga é o *muladhara*, o chacra básico ou chacra raiz que nos liga à nossa própria humanidade e pelo qual vivenciamos nossa divindade.

A denominação de cada capítulo de Judith Harris revela seu interesse em trazer esse paradoxo para a experiência na mente e no corpo: 1) Criação; 2) O corpo como recipiente; 6) Muladhara, elefantes e a Cabala; 7) O fogo da Kundalini. À medida que ela articula a intensidade de sua própria experiência, afirma o papel essencial do corpo para trazer para a vida a energia inerente em símbolos. Longe de menosprezar o trabalho de Jung sobre os sonhos, este livro valida sua compreensão sobre a imagem como conector entre soma e psique e refina este "conhecimento" da totalidade da razão e emoção. *Jung e o Ioga* é uma valiosa contribuição para a medicina do século 21.

Marion Woodman

Prefácio

Por muitos anos procurei um tipo de trabalho corporal que pudesse fazer parte da minha vida diária. Aconteceu então que, no final dos anos 80, fui morar na mesma rua em que ficava o *Esther Myers' Yoga Studio* em Toronto. O ioga me pareceu um caminho possível para trazer mais espiritualidade ao corpo de uma forma equilibrada e consciente. E assim começou minha iniciação no trabalho corporal.

De repente, me deparei com todos os meus medos e complexos de inferioridade. O simples fato de me manter nas aulas por noventa minutos desafiava a essência do meu ser. A maior parte do tempo eu ficava no fundo da sala, incapaz de fazer muito do que era pedido. Depois de alguns meses, com muita ajuda e orientação de minha professora, Esther Myers, comecei a sentir pela primeira vez como era estar *dentro* do meu corpo. Sempre que uma mão carinhosa pousava sobre as minhas costas, meu corpo respondia com profunda gratidão. Com a ajuda da respiração, a respiração duradoura que transforma o corpo de modo consciente, minha coluna lentamente passou a relaxar e livrar-se da rigidez.

Alguns anos depois, fui a Zurique em um treinamento como analista, e, ao mesmo tempo, comecei a dar aulas de ioga na sala da minha casa para um pequeno grupo de amigos. Aos poucos o grupo cresceu, e foram aquelas sagradas noites de segunda-feira que se tornaram a fonte da minha atual prática e deste livro.

À medida que eu passei a ver os pacientes, soube imediatamente e com certeza que minha prática analítica tinha de fundamentar-se na consciência corporal. É a presença consciente de corpo e mente que permite um retorno ao centro, àquele ponto de quietude que por fim trará a renovação.

Muitos de nós vivemos uma vida incompleta. No misterioso ponto entre os opostos, uma energia anteriormente oculta reúne corpo e mente, formando uma sagrada união que traz a nova consciência e a dádiva de uma vida plena.

1

CRIAÇÃO

> No princípio, criou Deus os céus e a terra. A terra, porém, estava sem forma e vazia; havia trevas sobre a face do abismo, e o Espírito de Deus pairava por sobre as águas. E Deus disse: que haja luz; e houve luz. E Deus viu que a luz era boa; e fez a separação entre a luz e as trevas. E chamou à luz Dia, e às trevas, Noite. Houve tarde e manhã, o primeiro dia.
>
> *Gênesis* 1:1-5

E teve início a criação. Durante séculos nos perguntamos: Existia alguma coisa antes do início da criação? Será que Deus criou o céu e a terra a partir do nada, absolutamente nada? Não havia nenhum outro ser ou alguma outra forma de vida além de Deus antes da criação do céu e da terra?

Refleti por muito tempo sobre essas questões. Avivah Gottlieb Zornberg nos lembra que Rashi (1040-1105), o famoso comentarista judeu do Torá — os cinco livros de Moisés —, explica que a frase de abertura do *Gênesis* de fato não revela nada sobre como o mundo realmente teria começado[1]. Rashi comenta que o céu e a terra não foram criados primeiro, e nem foram criados do nada, como muitos de nós sempre acreditamos pois assim nos

---

[1] *Genesis: The Beginning of Desire*, pp. 3 e seguintes.

foi ensinado. A água simplesmente aparece no segundo verso. Não se fala na criação da água. Podemos presumir, portanto, que as águas sempre existiram. Este oceano primitivo já existia bem antes do que chamamos tempo.

O segundo verso do *Gênesis* nos diz que *o Espírito de Deus pairava por sobre as águas*. Em outras palavras, o Espírito divino existe desde a eternidade. Conforme Jung explica:

> A *anima mundi*, ou o Espírito divino que incubava as águas caóticas do princípio, permanecia em um estado potencial, e a condição caótica inicial continuou com ela.[2]

Essa afirmação de Jung fala sobre o ser humano em estado pré-natal, ainda idêntico ao inconsciente. A primeira tarefa que precisamos enfrentar no início da análise é a descoberta da *prima materia*, a fonte original na alquimia. Este estado inicial permanece oculto até que, pelo trabalho de transferência do inconsciente para o consciente, revela-se a seu próprio tempo. Nosso trabalho é fazer surgir ordem e significado no caos. Os alquimistas começaram com a *prima materia*, o mundo escuro e caótico que contém possibilidades e potenciais de criação infinitos. Uma lenda contida no Midrash[3] nos ajuda a entender como surge[4] a *prima materia*.

A lenda conta que a luz criada a partir das trevas no primeiro dia da criação foi uma luz primordial sete vezes mais brilhante do que a luz do sol, que por sua vez só foi

---

[2] "The Terry Lectures", *Psychology and Religion*, o. r. 11, par. 160. (o. r. refere-se sempre às Obras Reunidas de C. G. Jung.)
[3] Um Midrash é uma espécie de interpretação bíblico-judaica em que o texto é explicado de um modo diferente de seu significado literal, trazendo amplificação simbólica à passagem bíblica original.
[4] Lawrence Kushner, *The River of Light*, p. 95.

criada a partir do quarto dia. Conta também que a luz primordial brilhou ininterruptamente pelos sete dias da criação e permaneceu até o sétimo dia, até a conclusão do primeiro sábado, pouco antes do início do ciclo da nova semana. As trevas, contudo, eram uma grande e terrível escuridão.

O primeiro homem, Adão, foi criado no sexto dia, sendo que o seis é o primeiro número que representa a soma de sua própria divisão (1+2+3). Significa a plenitude; ao final do sexto dia a criação estava completa. O Midrash especifica que o homem foi criado na sexta-feira à tarde, na tarde do sexto dia. Este horário é muito importante no judaísmo, pois se trata da tarde que é véspera do sábado, o sétimo dia. Diz-se que no mesmo dia, no sexto, Adão e Eva pecaram ao comer o fruto da árvore do conhecimento. Foram banidos do Jardim do Éden no sexto dia, mas, como o sábado chegava, as trevas não se fizeram sobre eles até o final do sábado, mais de um dia depois. Alguns dizem que eles receberam este dia extra pela graça de Deus.

Uma outra alma desce do céu enquanto o sábado dura toda semana e com isso nos é conferida a santidade. Essa energia divina pode ser imaginada como uma compensação pelo pecado que Adão e Eva cometeram no Éden. Portanto, receberam essa outra alma ao ganhar um dia a mais no Paraíso. O fato de sabermos que lhes foi concedido este dia especial de santidade antes de serem lançados às trevas tornou este dia ainda mais especial. Porém, com o despertar da consciência, o paraíso chegava ao fim e foi o que ocorreu a todos nós.

A extraordinária luz que brilhou sem parar por sete dias se extinguiu. E então, na ausência da luz, Adão entendeu que havia luz. Isso nos mostra o paradoxo da dualidade fundamental que traz a consciência. Adão mergulhou nas trevas. O sofrimento deve acompanhar estados de êxtase, de outro modo jamais entenderíamos o que é o êxtase, assim como Adão soube que havia luz somente quando não havia mais luz. Seu sofrimento começou com a consciência. Sozinho na noite ele lamentava: "Que aflição. Agora que corrompi o mundo, ele foi entregue às trevas. A criação voltará ao caos original. O céu me condenou à morte"[5].

Quando em meio ao sofrimento intenso, temos a sensação de que não haverá mais luz. Devemos perceber que essa profunda angústia foi necessária para Adão naquele momento, para que, com o novo amanhecer (na verdade o primeiro amanhecer real, já que até então não tinha havido escuridão na terra), a tarefa de ordenar o universo pudesse começar. Essa lenda, recontada no Talmud (a obra mais importante do Torá), nos relata a história da criação e da descoberta da *prima materia*, a base de toda a vida.

O que de fato ocorreu foi que, com o sofrimento que acompanha o nascimento da consciência, Adão foi lançado de volta ao princípio caótico por onde entrou novamente no processo, dessa vez em um sentido diferente, dessa vez de forma consciente. É isso que significa *prima materia*.

Depois de encontrar a *prima materia*, os opostos devem separar-se diante do caos para que mais tarde possam unir-se de uma nova maneira. O surgimento da nova realidade depende da separação dos opostos. A parte principal do trabalho é a reconciliação dos opostos que leva à união do princípio divino. No divino se reúnem todos os opostos.

> Não há consciência sem a discriminação dos opostos. Trata-se do princípio paternal, o Logos, que luta eternamente para se libertar do calor e escuridão primitivos do útero materno, isto é, da inconsciência. A curiosidade

---
[5] Ib., p. 96.

divina anseia por nascer e não se retrai diante do conflito, do sofrimento ou do pecado... Nada pode existir sem seu oposto; ambos eram um no princípio e serão um novamente no final. A consciência só pode existir através do reconhecimento contínuo do inconsciente, assim como tudo o que vive deve passar por muitas mortes[6].

Edward Edinger explica a consciência de forma bela por meio da etimologia:

> O termo *consciente* deriva de *com* ou *cum*, que significa "com" ou "junto", e *scire*, que significa "saber" ou "ver". Tem a mesma derivação que *consciência*. Assim, o significado original tanto do termo consciente quanto consciência é "saber com" ou "ver com" um "outro". Em contraste, a palavra *ciência*, que também deriva de *scire*, significa simplesmente saber, isto é, saber sem "compartilhar". Portanto, a etimologia indica que os fenômenos de conscientização e da consciência estão de alguma forma relacionados e que a experiência da consciência é formada por dois elementos — "saber" e "compartilhar". Em outras palavras, a consciência é a experiência de *saber junto com outro*, ou seja, em um contexto dual[7].

A consciência começou com a primeira frase do *Gênesis*: "No princípio, criou Deus os céus e a terra."

Na verdade existem milhares de mitos em todo o mundo que tentam explicar a criação, o surgimento do mundo consciente. Os primeiros poetas, védicos, egípcios, babilônicos e chineses, todos eles refletiram acerca dos mistérios da criação. Seus mitos referem-se aos problemas básicos da vida humana, pois estão relacionados ao significado definitivo não só da existência humana, mas de todo o cosmos[8].

---
[6] "Psychological Aspects of the Mother Archetype", *The Archetypes and the Collective Unconscious*, o. r. 9i, par. 178.
[7] *The Creation of Consciousness: Jung's Myth for Modern Man*, p. 36.

Um mito chinês sobre a criação traz uma explicação magnífica sobre a divisão original entre o céu e a terra:

> No princípio havia um grande ovo contendo o caos, uma mistura de yin e yang, masculino e feminino, frio e quente, escuridão e luz, e molhado e seco. Dentro deste ovo havia um gigante chamado Phan-Ku, que ainda não tinha sido nada, mas que então havia saído do ovo, e foi ele quem dissipou o caos separando os vários opostos, inclusive o céu e a terra. Depois disso, nos 18 mil anos que se seguiram, Phan-Ku cresceu 10 pés, e o céu se elevou 10 pés e a terra foi outros 10 pés para baixo. E é por isso que dizem que o céu e a terra agora estão separados por trinta mil milhas[9].

Quando os opostos são separados, surge o espaço entre eles para nascer a consciência. Quando se vive no estado caótico de opostos indiferenciados, um estado de participação mística, não se distingue sujeito de objeto. Este é o estado paradisíaco ideal da relação mãe-filho. Marie-Louise von Franz nos conta que, depois da criação do ovo cósmico, ele geralmente é dividido em duas partes, e que esse mesmo motivo de separação da unidade pré-consciente aparece com frequência relacionado à separação dos pais[10]. Em diversos mitos, o Pai Céu e a Mãe Terra existem em um abraço, formando um ser hermafrodita em constante coabitação. Nesse estado, nada pode nascer porque o Pai Céu está tão perto da Mãe Terra que não há espaço para que algo mais cresça entre eles. Não há espaço algum. A criação só pode ocorrer no espaço criado pela separação. Em outras palavras, quando alguém se

---

[8] Marie-Louise von Franz, *Creation Myths*, p. 1.
[9] David Adams Leeming e Margaret Adams Leeming, *A Dictionary of Creation Myths*, p. 49.
[10] *Creation Myths*, p. 233.

torna consciente é capaz de permanecer no espaço entre os opostos, capaz de conter e suportar a tensão entre eles. Essa é uma das principais tarefas da análise, separar o sujeito do objeto e deixar de viver em uma participação mística infantil com o mundo ao seu redor. À medida que ocorre a diferenciação entre sujeito e objeto, ocorre a criação do ego, de quem sou eu.

Este estado inicial na análise pode ser comparado à *prima materia* alquímica, um estado imperfeito e dissociado que deve ser trabalhado. E, para "trabalhar" a *prima materia*, é preciso adotar passos muito importantes. Os alquimistas acreditavam que a transformação não podia ocorrer até que a *prima materia* fosse redescoberta. Isso significa, em termos analíticos, que precisamos redescobrir nosso estado original, livre de contaminações, para que haja uma verdadeira transformação. Isso não pode ocorrer na esfera do ego, pois permaneceria superficial demais. Algo mais tem de acontecer.

A *prima materia* significa muitas coisas. Na verdade, paradoxalmente, significa tudo, desde o princípio bem como o fim do trabalho. Porém, o que é mais importante é que a *prima materia* é chamada *radix ipsius* (raiz de si mesma) pois é capaz de "enraizar-se" em si mesma, permanecer completamente autônoma e independente[11]. Isso é o que permite estar sempre presente, de todas as formas. Podemos pensar nisso como a água que estava presente antes de Deus criar o céu e a terra. Como a *prima materia* pode enraizar-se sem a ajuda de qualquer força externa, também podemos compará-la à terra. Na verdade, Jung frequentemente refere-se à ela como a terra (Figura 1) e a chama de "a mãe dos elementos e de todas as coisas existentes"[12].

---

[11] "The Prima Materia", *Psychology and Alchemy*, o. r. 12, par. 429.

Jung fala no mesmo parágrafo sobre a *prima materia* como algo "não criado". Em outras palavras, voltamos à ideia de que ela só precisa ser descoberta para que o processo comece — sempre existiu e portanto não precisa ser criada.

Pode-se dizer que ela espera para ser encontrada. Essa tarefa de redescobrir a *prima materia* pode ser a mais difícil no princípio da análise. Pode levar anos até que se estabeleça o primeiro contato.

A *prima materia* é a terra, e a terra é a substância básica do corpo humano. Isso revela que a *prima materia* é, entre outras coisas, o corpo humano[13]. O ser humano é pó e ao pó retornará, conforme lemos em *Gênesis* as ordens de

Figura 1. A terra como *prima materia*, amamentando o filho dos filósofos.

---

[12] Ib. par. 430.

Deus depois de Adão e Eva terem comido o fruto da árvore do conhecimento. Deus disse:

> No suor do rosto comerás o teu pão, até que tornes à terra, pois dela foste formado; porque tu és pó e ao pó retornarás[14].

Na verdade, Adão é comparado por Jung à *prima materia*:

> Agora devemos nos voltar à questão de por que Adão teria sido escolhido como símbolo da *prima materia* ou substância transformadora. Isso provavelmente deve-se ao fato de ele ter sido feito de argila, a "onipresente" *materia vilis* que foi, por axioma, considerada *prima materia*, e por essa razão tornou-se tão difícil de encontrar, embora estivesse "diante dos olhos". Era uma parte do caos original, da *massa confusa*, ainda não diferenciada, mas passível de diferenciação; algo, portanto, semelhante ao tecido embrionário sem forma. A partir dele é possível fazer tudo[15].

Conforme minha experiência, sem este retorno à substância original, à terra e ao corpo, não pode haver transformação real. O corpo age como recipiente da transformação. Devemos voltar ao princípio para podermos renascer. Nossas origens se estendem à eternidade. Mircea Eliade descreve isso com beleza:

> Essa redução alquímica à *prima materia* pode ser interpretada de diversas maneiras: pode ser comparada à regressão a um estado pré-natal, *um regressus ad uterum*... Conforme Paracelso, "aquele que entrar no Reino de Deus deve primeiro entrar com seu corpo no de sua mãe e lá morrer". Todo o mundo, de acordo com o mesmo escritor, deve "entrar em sua mãe", que é a *prima materia*,

---

[13] *Aurora Consurgens*, p. 343.
[14] Gênesis 3:19 (Todas as referências bíblicas são à Bíblia de Jerusalém).
[15] "Adam and Eve", *Mysterium Coniunctionis*, o. r. 14, par. 552.

a massa confusa, o *abyssus*, para chegar à eternidade... Nos versos publicados como apêndice da obra *Opus Mago-Cabbalisticum et Theosophicum* (1735) de Georg von Welling, lemos: "Não se pode alcançar o Reino dos Céus de outra forma a não ser nascendo uma segunda vez. Portanto, desejo voltar ao útero materno, ser gerado novamente, e farei isso logo." ... A "mãe" simboliza, nos diversos contextos, a natureza em seu estado primitivo, a *prima materia* dos alquimistas, e o "retorno à mãe" traduz uma experiência espiritual correspondente a qualquer "projeção" para além do Tempo — em outras palavras, a reintegração de uma situação primitiva. A dissolução da *prima materia* também é simbolizada por uma união sexual concluída pelo desaparecimento dentro do útero... o retorno ao período seminal da existência[16].

Infelizmente, na análise o corpo frequentemente é negligenciado. Em 1946, Jung escreveu um artigo excepcional que faz a ponte com sua obra intitulada *On The Nature Of The Psyche* (Sobre a Natureza da Psique), no qual afirma que provavelmente a psique e o corpo são dois aspectos diferentes do todo e a mesma coisa[17]. Jung sabia que estavam essencialmente ligadas pela ação recíproca, embora a natureza real dessa relação ainda não fizesse parte de sua própria experiência. Desde que Jung faleceu em 1961, vem ficando claro como a inter-relação da psique e do corpo pode ocorrer. Não podemos esquecer, no entanto, que Jung já havia descoberto uma relação definitiva entre as duas extremidades opostas do espectro, a saber, o infravermelho, o polo instintivo, e o ultravioleta, o polo arquetípico. Jung sabia que esses dois aspectos claramente se complementavam, mas percebeu também que só poderia chegar até esse ponto naquela época, e teria de deixar a pesquisa aos que resolvessem segui-lo.

---

[16] Mircea Eliade, *The Forge and the Crucible*, pp. 154 e seguintes.
[17] *The Structure and Dynamics of the Psyche*, o. r. 8, pars. 343 e seguintes.

É interessante que nos seminários de Jung sobre Nietzsche, Barbara Hannah faz a seguinte observação: "Você pode ser qualquer coisa, mas precisa ficar no seu corpo"[18].

Hoje, no mundo junguiano, geralmente se admite que existe uma ligação corpo-mente. No entanto, infelizmente se considera que, se a mente puder ser fortalecida, simplesmente levará o corpo consigo. Em outras palavras, acredita-se que a energia psíquica penetrará as células do corpo, permitindo que a transformação ocorra nos dois planos. Isso implica, é claro, que o corpo tem importância secundária em relação à mente, já que estaria "seguindo" a mente, por assim dizer. Considero essa suposição falsa, visto que observamos que o corpo não segue simplesmente o progresso da mente. Frequentemente tem uma "mente" própria e precisa ser tratado dessa forma. Conforme a minha experiência, a transformação simultânea do corpo e da mente só é possível se os dois lados forem trabalhados ao mesmo tempo. No Oriente, mente e corpo nunca foram tratados como entidades separadas. Se aceitarmos a teoria de Jung dos opostos como realidade cósmica, não poderemos considerar somente um lado e excluir o outro. Seria absurdo supor que o oposto seguiria de acordo. Portanto, ambos devem ter um lugar igual na análise.

A primeira vez que Jung mencionou a palavra "arquétipo" em suas obras, foi em seu ensaio intitulado "Instinct and the Unconscious" (O Instinto e o Inconsciente), escrito em 1919. Jung nunca duvidou que o instinto e o arquétipo eram complementares. Ele descreve os arquétipos e os instintos como os opostos mais extremos que se pode imaginar , como se pode facilmente perceber ao se comparar uma pessoa que se orienta por princípios instintivos com outra que se guia pelo princípio espiritual.

---

[18] *Nietzsche's* Zarathustra: *Notes of the seminari Given in 1934-1939.*

INSTINTOS	ARQUÉTIPOS
Infravermelho ——————————— Ultravioleta	
(**Fisiológicos**: sintomas corporais, percepções instintivas etc.)	(**Psicológicos**: espírito, sonhos, concepções, imagens, fantasias etc.)

Como os opostos são sempre qualidades extremas com um elo estreito entre eles, não é possível estabelecer uma posição de fato, nem mesmo pensada, sem a negação correspondente. Assim como ocorre com qualquer par de opostos, caso energia demais se manifeste em um dos polos, o indivíduo pode ficar bastante desequilibrado. Por exemplo, uma pessoa consumida pelo instinto pode ser controlada pela obsessão sexual ou pela gula, enquanto que, se estiver dominada pelo polo oposto, o arquetípico ou espiritual, ela seria levada, digamos, pela ideologia. Em ambos os casos não existe liberdade.

Jung fala de um lugar em que os polos opostos, espírito e matéria, tanto se encontram como não se encontram. Este lugar é o que hoje chamamos de "corpo sutil", o ponto intermediário entre espírito e corpo, entre os planos celestes e terrenos. Paracelso, o filósofo renascentista, afirmou que existe outra metade do homem, que ele não consiste só de carne e sangue, mas também de um corpo que não pode ser visto pelo olho humano. Nesse ponto é que o corpo e o espírito se fundem em um. Sabe-se a partir de antigos ensinamentos iogues que este corpo sutil invisível está ligado ao nosso corpo físico por um cordão. Também se pode dizer que o ponto de ligação entre o corpo físico e o corpo sutil é a alma. Jacob Boehme, um místico e alquimista alemão falecido no início do século 17 e cujas ideias exerceram influência significativa sobre Jung, particularmente com relação ao simbolismo da Mandala, escreveu:

A alma tem origem não só no corpo, embora se prenda ao corpo e tenha início nele; ela conta também com uma fonte externa, do ar e pelo ar; e assim o Espírito Santo a governa, do modo como abastece e preenche todas as coisas[19].

É neste corpo sutil que a mente e o corpo têm mútua influência. O corpo exibirá sintomas até que a mente se torne suficientemente forte para compreender e carregar o conflito.

Jung nos diz que os instintos e os arquétipos, juntos, formam o inconsciente coletivo, o que significa que ambos são fenômenos universais e que ocorrem regularmente, e que em essência não têm nada a ver com a individualidade. Ele afirma também que não se pode lidar com os instintos sem considerar os arquétipos porque, no final, eles são determinantes recíprocos e influenciam-se mutuamente.

A primeira experiência que temos neste mundo é a da mãe, a mãe biológica, bem como a mãe arquetípica. Somos ligados ao corpo dela, primeiro dentro do seu útero, e depois nascemos, saindo de dentro do seu corpo para o mundo. Esse contato físico e emocional com o corpo da mãe é crucial e nos influencia para sempre, tenha ela estado presente ou não fisicamente, quer experimentemos seu corpo como algo positivo, quer como negativo. O arquétipo da mãe se forma na concepção:

> "Mãe" é um arquétipo e refere-se à origem, à natureza, àquela que passivamente cria, consequentemente substancia e materializa, traz à materialidade, o útero, as funções vegetativas. Significa também o inconsciente, nossa vida natural e instintiva, o âmbito fisiológico, o corpo que habitamos ou que nos contém; pois a "mãe" também é a matriz, a forma côncava, o recipiente que

---

[19] Citação de David V. Tansley, *Subtle Body: Essence and Shadow*, p. 20.

carrega e nutre, e assim permanece psicologicamente para o alicerce da consciência[20].

Do ponto de vista de Jung, a mente consiste tanto do sentido arquetípico quanto do instintivo mundo da matéria. Diz ele:

> Como a mente e a matéria estão em um mesmo mundo e, além disso, estão em contato constante uma com a outra e por fim repousam sobre fatores irrepresentáveis e transcendentais, não é apenas possível mas bastante provável até que a mente e a matéria sejam dois aspectos diferentes de uma mesma coisa. A meu ver, os fenômenos de sincronicidade apontam nessa direção, pois eles mostram que o não psíquico pode comportar-se como o psíquico, e vice-versa, sem haver nenhuma relação causal entre eles. Nosso conhecimento atual não nos permite fazer muito mais além de comparar a relação entre o mundo psíquico e o mundo material com dois cones cujos ápices, que se encontram em um ponto sem extensão — um ponto-zero real —, se tocam e não se tocam[21].

Negligenciar o corpo é negligenciar metade de nosso mundo. É negligenciar de onde viemos, a *prima materia*. É desconsiderar nossa relação com a terra, com a matéria, com o mundo da natureza e do feminino. Por outro lado, negligenciar o mundo arquetípico é reduzir a possibilidade de cura. Ambos os aspectos são necessários para a transformação. A mente deve incluir todo o espectro, de instinto a arquétipo.

---

[20] "The Practical Use of Dream-Analysis", *The Practice of Psychotherapy*, o. r. 16, par. 344.
[21] "On the Nature of Psyche", *The Structure and Dynamics of the Psyche*, o. r. 8, par. 418.

2

O CORPO COMO RECIPIENTE

> Considere o Self como dono da carruagem, o corpo como a carruagem, o intelecto discriminatório como cocheiro, e a mente como as rédeas.
>
> Katha Upanishad 3.3

Vez ou outra, temos sorte de encontrar a *prima materia* no início da análise. O trabalho de transformação pode começar imediatamente. A razão pela qual isso ocorre apenas em alguns casos continua sendo um mistério, mas eu suspeito que tenha algo a ver com a extensão do sofrimento que o paciente traz no início. Então, parece não haver escolha, a não ser mergulhar, por assim dizer, no inconsciente. É claro que, nesses casos, é preciso avaliar cuidadosamente se o ego é ou não suficientemente forte para aguentar essa intensidade inicial, pois algumas vezes o paciente terá de suportar ainda mais sofrimento quando a consciência emergir.

Porém, frequentemente, não há escolha. O destino traz esse sofrimento intolerável à medida que se forma o ímpeto em direção à consciência. É importante lembrar que, como observa M. Esther Harding, há um impulso inato em nós rumo à plenitude:

> É impossível ignorar a tarefa de tornar-se inteiro... assim, algumas pessoas se veem obrigadas a assumir a tarefa da individuação como um empreendimento consciente-

mente desejado, muito embora a busca não prometa um fim definido. Porém, assim que é assumida, surge auxílio de fonte inesperada, isto é, do próprio inconsciente. Por meio de símbolos que começam a aparecer em sonhos e fantasias e em outros produtos do inconsciente, apontando o caminho a ser tomado, mesmo que este caminho leve a uma meta desconhecida. Assim, a busca pela plenitude ou totalidade se mostra alinhada a uma tendência arquetípica inerente à estrutura psíquica do ser humano. Essa tendência se assemelha a um instinto e, assim como os instintos, é capaz de mostrar o caminho a ser seguido pelo organismo em desenvolvimento.[22]

Esse esforço inato pela plenitude nos aproxima de quem somos de fato, daquele que efetivamente deveríamos nos tornar.

June começou as sessões de análise logo após seu aniversário de vinte e um anos. Naquela época ela estava em um momento bastante crítico, sofrendo de neurodermite, uma doença que produz inflamação crônica severa da pele. Não era mais possível reconhecê-la como uma jovem, parecia uma senhora murcha e enferma. Ao redor dos seus olhos formavam-se vários círculos inchados, o que dificultava muito o contato visual com ela. A doença afetava seu corpo desde a cabeça até pouco acima dos tornozelos. A pele do pescoço estava tão grossa que ela mal podia mover a cabeça de um lado para outro. Estava exausta por não conseguir dormir — a coceira era incessante. Sua pele tinha cortes e feridas tão profundas que eu sentia cheiro de sangue assim que ela entrava na sala. Ela veio para a análise investigar o possível componente psicossomático da doença, e também para obter ajuda para lidar com sua tremenda angústia.

---

[22] *Psychic Energy: Its Source and Transformation*, pp. 339 e 340.

June estava desesperada. Ela havia tentado diversas terapias medicamentosas durante cerca de meio ano, incluindo vários meses em uma clínica alemã especializada em pele. Tinha usado tanta cortisona, que passou a não fazer mais efeito. O uso de cortisona a longo prazo realmente causa um afinamento da pele, reduzindo ainda mais sua capacidade natural de funcionar como filtro semipermeável entre os ambientes interno e externo. June passou a repudiar a terapia medicamentosa, ficou com medo dos efeitos a longo prazo, e havia parado de usar cortisona algumas semanas antes de nosso primeiro encontro. O problema de pele piorou quando ela parou de tomar a cortisona, mas não em um grau considerável.

O dermatologista afirmou que ela não melhoraria a menos que continuasse usando cortisona em grandes quantidades, uso interno e tópico. De uma outra perspectiva, no entanto, recordei que um sintoma é uma tentativa natural por parte da psique em direção à cura, em direção à plenitude. Senti fortemente que o sintoma que se manifestava nesta insuportável doença de pele era, paradoxalmente, um passo para a cura. A doença frequentemente é o estímulo capaz de trazer a transformação. Por isso, Jung nos lembra "o princípio fundamental de que a sintomatologia de uma doença é ao mesmo tempo uma tentativa natural para a cura"[23].

Parecia-me que tudo o que era doloroso demais para June trazer à consciência vinha à tona de forma indireta, como sintoma expresso no corpo. A estrutura psíquica estava fraca demais para suportar o conflito, qualquer que fosse, então o conflito havia tomado seu corpo. Na verdade, quando uma doença se manifesta no corpo é mais

---

[23] "The Structure of the Psyche", *The Structure and Dynamics of The Psyche*, o. r. 8, par. 312.

fácil lidar com ela, embora os sintomas possam ser torturantes. No entanto, quando uma doença ocorre na psique, ela é invisível e fica mais difícil de tratar. A doença de June agora se manifestava no lado infravermelho do espectro, no corpo. Na verdade, ela estava sendo forçada a lidar diretamente com a cor vermelha, que se manifestava como uma vermelhidão bem como um terrível sangramento em sua pele. O âmbito instintivo estava literalmente gritando para ser ouvido, pois a integração do instinto é essencial para o processo de individuação.

A cortisona é conhecida como um imunossupressor, reduzindo assim a produção das "células de combate" naturais no corpo. Precisamos dessas guerreiras para combater a doença e sabe-se que a ingestão prolongada de cortisona pode acarretar sérios problemas. Eu acreditava que a doença de pele era a manifestação de algo psíquico tentando encontrar expressão por meio daquele sintoma corporal, e, como a ingestão de cortisona só poderia suprimir essa capacidade, além de reduzir a capacidade de June resistir a outras doenças, decidi apoiar sua tentativa, contra o conselho dos médicos, para encontrar outra forma de cura. Ao olhar para trás, vejo que naquele momento demos um grande passo diante de nossa decisão de lidarmos juntas com o que pudesse vir do inconsciente. Primeiro tínhamos de lidar com a doença de pele que piorava, porém, a tentativa de cura, do tomar consciência, tornava-se ainda mais urgente.

Nós tínhamos apenas duas horas juntas e June saiu de férias. Antes de sair, perguntei se ela gostaria de levar um pouco de argila. June prontamente pegou uma faca, cortou a argila ao meio sobre a minha mesa, e perguntou se podia ficar com metade, dizendo que deixaria a outra metade para quando voltasse. A pele é o órgão do toque, na verdade o órgão do sentir, já que tocamos e sentimos as coisas com as nossas mãos. Parecia que June havia recebido muito pouco sentimento de sua mãe. Esta vinha de uma família chinesa de classe alta em que faltavam a espontaneidade, a cordialidade e o contato físico. June não foi uma criança desejada. Seus pais se casaram por causa da gravidez, e ambos se envergonhavam do casamento. O nascimento de June não foi comemorado. Como nos diz Marion Woodman:

> Uma mãe que não consegue acolher sua filha no mundo deixa-a sem base. Da mesma forma, a mãe dessa mãe e a avó provavelmente não dispunham das raízes profundas que ligam o corpo de uma mulher à terra. Seja qual for a causa, sua própria vida instintiva não estará disponível[24].

Na verdade, quando June ficou seriamente doente, sua mãe lhe aplicou o creme de cortisona usando luvas grossas de látex. June disse que gostaria de ter sentido um toque real de sua mãe, especialmente por estar tão doente. Eu senti que trabalhar com argila seria o começo do contato com algo da terra, da *prima materia*, da Grande Mãe. A argila seria algo que ela poderia tomar em suas mãos e moldar como quisesse.

O que June precisava era criar um corpo novo e transformado para si. Ao fazer isso, ela conseguiria reunir as partes desconectas de si mesma, e seu espírito e corpo se tornariam um. Senti que trabalhar com a argila era algo que sustentaria essa transformação. Na alquimia, o objetivo do trabalho é a transformação de metais básicos em ouro, que é considerado o resultado final de um longo período de gestação no íntimo da terra. O ouro representa corpo sutil. O corpo transformado, portanto, representaria

---

[24] *The Ravaged Bridegroom: Masculinity in Women*, p. 74.

para June a ligação com a parte eterna de si, permitindo assim que o próprio corpo passasse por uma mudança profunda. Na verdade, a pele de June ficou bastante limpa depois de aproximadamente oito meses de análise.

Encontramos muitas situações similares à dessa jovem, em que a experiência do arquétipo da mãe foi predominantemente negativa. A relação mãe-filho no início da vida é absolutamente vital para o desenvolvimento futuro dessa criança. D. W. Winnicott descreve isso como "a preocupação materna primária". Em outras palavras, a mãe deve desenvolver uma identificação consciente, mas também profundamente inconsciente com a criança:

> A mãe que desenvolve esse estado que eu chamei de "preocupação materna primária" fornece um cenário para a constituição da criança começar a se fazer evidente, para que as tendências de desenvolvimento comecem a se desdobrar, e para a criança experimentar um movimento espontâneo e tornar-se dona das sensações que são apropriadas nessa fase inicial da vida[25].

Podemos verificar na afirmação acima como pode surgir a falha da relação com o corpo.

Ao usar a argila que lhe dei, June estaria trabalhando com a *prima materia*; estaria trabalhando com o lugar no tempo anterior ao nascimento, antes do carma e da experiência de vida que traz o destino até nós. Ela estaria retornando suavemente ao ponto anterior ao início do tempo, trazendo uma cura verdadeira para a profunda ferida criada no domínio do corpo ou instinto. Amassar argila é trabalhar com o corpo. Lemos na Bíblia que o primeiro homem, Adão, nasceu do pó da terra (Figura 2). Da terra, misturada à água, surge a argila. Em um texto

---
[25] Winnicott, *Through Paediatrics to Psychoanalysis*, p. 303.

Figura 2. A criação de Adão a partir da argila da *prima materia*.

de alquimia datado do século 17, podemos ler: "Quando a água caiu sobre a terra, surgiu Adão"[26].

Na verdade, ao usar argila, June estaria trabalhando diretamente com sua doença. Na Antiguidade, a pele era comparada à alma. Pelo processo de amassar e modelar argila, June estaria na verdade trabalhando com sua alma, cuja aflição se manifestava no corpo.

June oscilava entre os opostos da vida e da morte.

---

[26] *Theatr. Chem.*, V, p. 109, citado em *Mysterium Coniunctionis*, o. r. 14, par. 552.

Naquela época, ela compartilhou comigo um trecho extraído de suas anotações:

> NÃO AGUENTO MAIS ISSO!! QUERO OUTRA PELE. A MINHA FICOU MUITO GROSSA. A COCEIRA É INSUPORTÁVEL. POR QUE ESTOU SENDO CASTIGADA DESSA FORMA?? QUE DEVO FAZER PARA FICAR LIVRE DESSA TORTURA INFERNAL?? POR QUE NINGUÉM ME AJUDA? NÃO CONSIGO SUPORTAR. QUERO COÇAR MINHA PELE ATÉ ARRANCAR TODA ELA. NÃO AGUENTO MAIS, NÃO VOU AGUENTAR MAIS UM DIA SEQUER.

June e eu sabíamos que algo importante teria de acontecer para aliviar seu sofrimento. Frequentemente é preciso irmos à profundidade para que as coisas mudem. Com toda aquela coceira e sangramento, ela estava perdendo grande parte de sua antiga pele. Ela teria de abrir mão de uma velha atitude, e de alguma forma começar a abraçar algo novo. A análise não "cura" as pessoas por si mesma. É bem mais exato falarmos em um reajuste de atitude; em outras palavras, com o tempo, surge uma nova forma de olhar a própria vida. June teria literalmente de largar suas velhas atitudes, sua pele antiga, por assim dizer, para que a transformação fosse possível. Ela teria de tomar uma decisão muito significativa, pois, caso não estivesse realmente disposta a abandonar algumas de suas atitudes com relação a si mesma e ao mundo à sua volta, poderia chegar à morte física ou psíquica. Felizmente, ela estava pronta, e nosso trabalho começou com forte intensidade.

O fato de June estar sofrendo especificamente de uma doença de pele não era mera coincidência. A pele está associada às ideias do nascimento e renascimento. No sistema egípcio de hieróglifos há um sinal que compreende três peles presas uma à outra, e que significa "nascer";

surge com a redação "gerar", "criar" e "formar". O amuleto com que os egípcios costumavam presentear um recém-nascido era feito das peles de três animais presas ao globo solar. Esse número de peles refere-se à natureza tríade do ser humano — o corpo, a alma e o espírito — enquanto o globo denota a incorporação de cada um ao Todo. O simbolismo da pele é celebrado pelo ritual conhecido como "a passagem pela pele" que os faraós e sacerdotes costumavam realizar com a finalidade de rejuvenescer[27].

Outra paciente, Susan, de vinte e dois anos, começou a sofrer de problemas de pele logo que melhorou de sua bulimia. Nesse caso, contudo, o inchaço, a vermelhidão e a coceira desapareceram rapidamente uma vez que ela já fazia análise havia dois anos quando surgiram os sintomas de problemas dermatológicos. Durante uma sessão de trabalho corporal que ocorreu ao mesmo tempo em que os sintomas surgiram, ela teve uma visão:

> Vejo claramente a imagem, de três mulheres egípcias, que de repente se transforma em uma visão extremamente pacífica de uma olaria, contendo três fornos de barro. Esses fornos se juntam na parte superior, formando um único forno.

A imagem dos fornos de barro era quase idêntica ao hieróglifo egípcio. Quando Susan expôs essa imagem, perguntei se ela poderia estar formando uma "nova pele". Muito surpresa, ela confirmou que toda a sua pele descascou nas quarenta e oito horas anteriores!

Susan veio para a análise em uma condição de imensa fragilidade, praticamente sem capacidade de tolerar o conflito. Ela estava "com a pele fina demais". Desde então, Susan se fortaleceu visivelmente. Na verdade ela está formando uma nova pele, uma nova capacidade de

---

[27] J. E. Cirlot, *A Dictionary of Symbols*, pp. 298 e seguintes.

lidar com o mundo à sua volta. Sua delicada alma feminina brilha em uma pele que irradia vida. Por essa visão, que ocorreu durante a sessão de trabalho corporal, Susan vem construindo um recipiente em que, pela primeira vez, pode começar a suportar conflitos intensos. A pele é o maior órgão do corpo humano, e não só envolve o corpo inteiro, como também serve de proteção contra o mundo externo. Como agora Susan consegue selecionar o que deixa entrar do mundo externo, diminuiu consideravelmente o sentimento de ser constantemente dominada e incapaz de lidar com a vida.

Essa visão também nos mostra o desenvolvimento do feminino, que se formou durante a sessão de trabalho corporal. A primeira imagem que surgiu para Susan foi a de mulheres egípcias. O fato de essas mulheres serem egípcias era algo interessante. À parte devemos notar que, assim como neste caso, frequentemente surgem imagens arquetípicas em visões ou sonhos de maneira espontânea, embora não tenha havido consciência prévia quanto à imagem.

Na maior parte das mitologias do mundo, a terra é considerada feminina, pertencente à Mãe Natureza, e o céu, como espírito, é masculino. Porém, no Egito, esses conceitos de masculino e feminino são invertidos. *Geb*, o princípio terra, é masculino e *Nut* é a deusa céu. Ao explicar esse fenômeno incomum, Marie-Louise von Franz nos diz que no Egito predomina a concretude das ideias. Todas as culturas, nos diz ela, esperam pela vida imortal após a morte, mas somente no Egito essa ideia é expressa pela preservação do corpo na forma bastante concreta da mumificação[28]. A busca pela vida eterna também foi a busca dos mais antigos alquimistas, pois queriam encontrar algo

---

[28] *The Feminine in Fairy Tales*, p. 108.

que pudesse sobreviver à morte. Psicologicamente, poderíamos chamar esse aspecto de *Self*, aquele que é central e perpétuo em nós.

Susan cresceu em uma forte atmosfera coletiva em que o corpo podia ser considerado algo a se desprezar, ou a exibir como ideal, não como algo a ser apreciado em seu aspecto sagrado. Conforme Woodman descreveu com tanta propriedade:

> Muitas pessoas em nossa sociedade são levadas aos vícios porque não há um recipiente coletivo para suas necessidades espirituais naturais. Sua propensão natural à experiência transcendente, ao ritual, a uma ligação com uma energia maior do que a delas mesmas, está-se tornando comportamento vicioso[29].

A visão da olaria com três fornos de barro remete ao primeiro homem feito de argila, que é capaz de dar à luz um corpo novo e transformado.

Peter sonhava com uma imagem semelhante depois de suas aulas de ioga. Sua mãe falecera havia pouco tempo e logo depois ele começou a sentir coceira e perceber sinais vermelhos e escamosos sobre as pernas. Logo depois desse sonho, os sintomas diminuíram muito, embora não tenham desaparecido por completo.

> Estou no carro com minha mãe e meu pai e temos de chegar a algum lugar. Penso que nosso destino é uma sinagoga. Paramos o carro e alguns amigos meus entram, continuamos adiante procurando por essa sinagoga. Agora acredito que eu é que estou dirigindo o carro. Estou percorrendo muitas ruas que não receberam manutenção até que finalmente chegamos a uma praça aberta, em uma cidade que eu não consigo reconhecer. Primeiro achei que fosse Jerusalém, mas depois vi um

---

[29] *Addiction to Perfection: The Still Unravished Bride*, p. 29.

edifício muito alto com vários domos no topo, bem decorado, como na Índia. Foi então que percebi que estava na Índia.
Ainda não encontrei a sinagoga que procuro, mas percebo que seria melhor voltar para a minha aula de ioga para não me atrasar. Agora estou sozinho no carro e acho que é hora de sair do carro e entrar na aula.
Encontro uma pequena sala em que a aula está acontecendo. Minha esposa está à porta esperando por mim e acenando para que eu entre. Minha professora (minha analista) está na parte mais interna da sala. Essa sala tem três fornos de tijolos que lembram fornos de pizza, e é estranho, mas eles se juntam na parte superior, e em cada um deles o fogo está aceso.

Até esse ponto, Peter havia reprimido suas emoções, especialmente sua raiva diante da morte de sua mãe que, de um lado, o havia abandonado pela morte, e, por outro, o havia libertado. Peter sofre com um forte complexo materno negativo. Como o comportamento de sua mãe sempre se alternava entre invasão e rejeição, a relação era bastante difícil para ele. Quando começou a frequentar minhas aulas de ioga, há alguns anos, Peter começou a sentir que o ioga o estava ajudando a se aproximar de si mesmo, de mim, sua analista, e de Deus. Naquele sonho podemos ver a mãe positiva se constituir na minha imagem, como analista, no centro da sala em que ocorria a aula de ioga. No *lysis* (o final do sonho que nos diz para onde a energia quer ir), fica claro que é possível um renascimento pelo recipiente analítico. A imagem dos três fornos de pizza que se juntam na parte superior volta a nos lembrar de um antigo hieróglifo egípcio. Além disso, o número três significa a resolução da tensão entre os opostos. Maria Prophetissa nos conta que o três denota o masculino, o paternal e o espiritual[30]. O fogo, a imagem da criação, denota o masculino, conforme Jung:

> O fogo é ativo, espiritual, emocional, próximo à consciência, enquanto a água é passiva, material, fresca, e a natureza do inconsciente. Ambos são necessários ao processo alquímico, já que isso se relaciona à união dos opostos[31].

A energia do inconsciente se move em direção ao masculino contido no feminino. O nascimento do novo feminino ocorre pelo trabalho corporal, e nesse caso pela prática do ioga.

Anne Maguire, analista e médica, nos diz que o arquétipo do fogo que aparece tanto nas figuras da Antiguidade como nas reações instintivas nos ocorre para promover a cura da pele do aflito. O arquétipo do fogo se manifesta na doença de pele, trazendo calor e dor para levar o aflito a um estado de consciência em que se podem reconhecer as dificuldades psíquicas que estão por detrás da doença. Como a pele é o espelho da alma, o fogo e a emoção integram a vida das pessoas. Sem a vida emocional, não há luz nem vida. Somente através do conflito podemos começar a ver o significado da aflição que acomete a pele. A emoção se torna portadora da consciência[32].

A doença de June levou sua vida a um ponto crítico. O destino a levou ao ponto em que teria de decidir conscientemente se queria viver ou morrer. June era testada no fogo da neurodermite. Anne Maguire compara as bolhas sintomáticas da doença a pequeninos vulcões que estão

---

[30] Consultar "Introduction to the Religious and Psychological Problems of Alchemy", *Psychology and Alchemy*, o. r. 12, par. 31.

[31] "Paracelsus As A Spiritual Phenomenon", *Alchemical Studies*, o. r. 13, par. 187n.

[32] *Hauterkrankungen als Botschaft der Seele* (The Fire and the Serpent), p. 268.

a ponto de romper a pele. Ela também nos conta que o dano que sofre a pessoa que tem essa doença é comparável ao de um vulcão. Quando um vulcão entra em erupção, ocorre uma descarga excessiva de pressão e tensão das profundezas da terra. Também podemos falar sobre um aumento na tensão psíquica quando um arquétipo se forma no inconsciente. Jung descreve um arquétipo como um centro dinâmico na mente que traz consigo uma grande quantidade de energia[33]. A pele humana serve como válvula de segurança assim como a crosta da terra, e permite, através dessa dinâmica, que ocorra uma descarga eczematosa, comparável à descarga de um vulcão. Maguire afirma que pessoas com esses sintomas dermatológicos precisam ao mesmo tempo buscar um fator psíquico, não como causa, mas como ligação. Estamos lidando aqui com o que Jung chamava de sincronicidade, um ato singular de criação no tempo.

Quando June retornou de suas férias, sua pele havia piorado muito. Ela mal dormia, oscilando literalmente entre a vida e a morte, sem poder trabalhar ou ir à escola. Ela mal podia vir às sessões de análise. Poucos dias antes de voltar, June sonhou:

> Sou uma ceramista e estou expondo minhas pinturas e esculturas em argila e gesso. Nas imagens bem como nas pinturas havia retratos de minha doença na pele.

Embora June não tivesse usado a argila que lhe dei, ficou com ela o tempo todo. Com esse sonho, a *prima materia* havia-se formado. Era necessário um renascimento da antiga consciência que levaria a algo novo e vivo. Seu inconsciente queria levá-la ao início do tempo.

Os alquimistas acreditavam que a transformação

---

[33] "Definitions", *Psychological Types*, o. r. 6, pars. 747 e seguintes.

não podia começar até que se alcançasse o estado original da *prima materia*. Aqui podemos ver claramente que a enfermidade, a doença de pele, é o estímulo que trará grande mudança. O corpo de June será o portador dessa transformação.

Esse sonho nos leva de volta ao Egito, cerca de três mil anos antes de Cristo, onde o deus Khnemu (frequentemente chamado Khnum) foi adorado como "edificador" dos deuses e do homem. Ele era associado a Ptah, o grande deus criador. Eles trabalharam juntos para ajudar a criar o universo. Ptah estava ocupado com a edificação do céu e da terra, enquanto Khnemu se empenhava em formar seres humanos e animais. Ptah era visto em pé na frente de um obelisco (um pilar de pedra com um corte transversal quadrado ou retangular, e laterais que se afilavam em direção à extremidade superior em forma de pirâmide), que não só atuava como força estabilizadora mas também simbolizava o tronco da árvore em que o corpo de Osíris fora escondido por Ísis[34]. Por estar alinhado com a terra, ele podia passar pelo ciclo de morte e renascimento como Osíris passara antes dele.

Khnemu, por outro lado, criou os primeiros seres humanos em um torno de oleiro e se dizia que ele continuava "construindo" corpos e mantendo a vida deles[35]. Khnemu aparece na Figura 3 fazendo duas crianças ao mesmo tempo: ele está trazendo o ser humano à consciência. Ao usar a argila para fazer o homem, ele combinava os elementos primitivos terra e água. June havia sonhado que sua tarefa era criar um corpo novo, por assim dizer, usando os elementos terra e água em forma de argila.

A argila se torna tridimensional quando vira um

---

[34] E. A. Wallis Budge, *The Gods of the Egyptians*, vol. 1, pp. 501 e seguintes.
[35] Ib., vol. 2, p. 50.

Figura 3. Khnemu diante de seu torno.

corpo. De forma paradoxal, as esculturas de gesso branco continham todas as possibilidades da criação de um novo corpo, enquanto também representavam um corpo antigo e desgastado que não podia mais viver e precisava ser descartado para ocorrer uma renovação.

O fato de essas imagens em gesso aparecerem na cor branca foi bastante significativo.

O branco é a cor do renascimento. Nas cerimônias de casamento, o branco significa a morte da vida anterior e o nascimento para uma nova vida. Na Grécia antiga, a argila branca era usada pelas sacerdotisas de Artemis Alpheia em Letrini e Ortígia para emplastrar seus rostos em homenagem à Deusa Branca[36]. Na morte, o branco significa o renascimento após a morte. O branco também pode significar ausência de sentimentos, levando à morte da alma. O sentimento era algo quase completamente ausente na família de June; não havia lugar para se desenvolver o feminino, para Eros como relacionamento.

Outra explicação sobre o branco é fornecida por Jung:

> Aquilo que se torna branco significa que fica claro. O que era vida inconsciente agora vem à luz, ou chega à compreensão, à consciência. Ela deveria conscientizar-se de uma forma totalmente nova, conscientizar-se da vida, bem como das coisas, de formas bem distintas. Supõe-se que uma luz branca seja a mais brilhante, e que ofereça o poder de discriminação, pois assim se pode discernir melhor[37].

Ligação não significa fusão, mas uma existência independente permitindo a genuína experiência do outro. As imagens brancas no sonho inicial de June pressagiam uma nova consciência. A situação chegou a um ponto de urgência. Havia chegado a hora de June trabalhar com o corpo e integrá-lo de forma consciente, pela análise, conforme indicavam essas imagens em argila e gesso. O branqueamento, ou *albedo* na alquimia, é a primeira etapa para nos tornarmos cientes da autonomia da psique objetiva. É a primeira etapa rumo à consciência. Havia necessidade urgente de uma nova atitude. Na verdade, ela não tinha escolha.

Susan, a paciente que sofria de bulimia, teve um sonho inicial que apresentou uma imagem bastante diferente da *prima materia*:

---

[36] Consultar Robert Graves, *Greek Myths*, pp. 85 e seguintes.
[37] *The Visions Seminars*, p. 341.

Apanhei alguma coisa na água — era uma criatura parecida com uma ameba, sua forma era alongada, com uma cabeça, mas sem braços ou pernas. A cabeça era a cabeça do meu marido, mas algo tinha acontecido e essa cabeça não estava muito bem.

Nesse caso podemos notar que a paciente pegou algo do inconsciente que ainda não havia formado uma estrutura. A relação de Susan com seu próprio corpo havia sido gravemente distorcida. Isso a deixou sem espaço para que a natureza espiritual se desenvolvesse de forma saudável, amorosamente incluída e segura nos braços da Grande Mãe. Seu pai havia sofrido de depressão severa durante muitos anos. O trabalho de análise de Susan consistia primeiramente em encontrar uma estrutura que realmente pertencesse a ela, que lhe conferisse movimento e liberdade, em contraste com essas imagens iniciais da criatura semelhante à ameba sem braços ou pernas. À medida que Susan foi recuperando a relação com seu corpo e com o espírito que o habita, a bulimia praticamente desapareceu.

3

"Quero ser um pássaro"

> Mais vale um pássaro na mão do que cem voando.
>
> Talmud, Ecclesiastes Rabbah 4:9

Quando encontrei June pela primeira vez, ela me disse que o que mais queria na vida era ser um pássaro. Isso me pareceu um contrassenso, já que os pássaros geralmente representam um desejo de estar fora da vida; eles vivem lá em cima aonde os humanos não podem ir, e também podem significar a morte quando aparecem em sonhos[38]. Entendi nesses primeiros instantes com ela que essa afirmação representava a chave para sua cura. June não queria fazer parte do mundo real. Na primeira sessão de análise, ela trouxe desenhos que havia feito no verão anterior; eles descreviam claramente seu intenso desejo de morrer. Eles não tinham cores; eram feitos em preto, branco e cinza. Naquela época ela ficava na cama a maior parte do tempo, e se levantava apenas para encontrar um amigo ou vir à análise. Havia parado de estudar e também não conseguia ir para o trabalho. Anteriormente, ela era uma pessoa ambiciosa e teve bastante sucesso em todas as suas atividades, tanto na escola quanto em sua vida pessoal. E agora não fazia quase nada.

---

[38] Consulte Marie-Louise von Franz, *On Dreams and Death*, p. 70.

Esse também é um padrão comumente encontrado na Síndrome de Fadiga Crônica e candidíase[39], bem como em doenças relacionadas ao sistema imunológico. O desejo e as expectativas elevadas de realização e sucesso podem virar ao contrário[40] e literalmente transformar-se em inércia. O desejo que June tinha de ser um pássaro a impossibilitou e tornou incapaz de ser uma mulher que vive neste mundo. Conforme explica Marion Woodman, June perdera a preciosa ligação com a terra, e portanto com seu próprio corpo, enquanto permanecia em seu mundo de fantasia:

> A águia representa a ascensão espiritual da consciência em seu aspecto positivo; em seu aspecto negativo, essa ascensão vai além e se torna o domínio sobre e contra aquilo que pertence à terra[41].

Distinguimos muito bem os pássaros das cobras, por exemplo. As cobras não precisam de braços ou pernas porque têm a espinha tão flexível que suas costelas conseguem puxar seus corpos pelo solo; para se mover, elas precisam contar com o atrito entre o solo e as escamas da parte de baixo do corpo. De outro lado, os pássaros têm uma espinha rígida, em vez de flexível. Eles têm ossos leves, duros e relativamente ocos, e antebraços muito fortes, enquanto suas pernas funcionam apenas como

---

[39] Esses dois males frequentemente se encontram interligados. Cândida é uma *condition* encontrada tanto em homens quanto em mulheres em que ocorre um aumento exagerado de determinado fungo que integra a flora natural da pele e pode levar à fadiga crônica, alergias e problemas emocionais, bem como muitos outros sintomas relacionados que podem ser ou não incapacitantes para o paciente.

[40] Esse fenômeno é chamado de *enantiodromia*, que significa que tudo acabará tornando-se seu oposto. Ocorre principalmente quando houve uma tendência a que uma atitude unilateral dominasse a consciência.

[41] Marion Woodman e Elinor Dickson, *Dancing in the Flames*, p. 56.

acessório[42]. Nós, humanos, precisamos de nossas pernas e pés para nos apoiarmos sobre o chão. É a flexibilidade de nossa espinha que nos confere liberdade e a sensação de estarmos seguros na terra. A espinha nos mantém eretos no mundo — a coluna vertebral da nossa existência. Sem ela, desabaríamos.

O corpo de June, como o de um pássaro, também manifestava muito medo e ansiedade. Sua pele se tornara como a espinha de um pássaro, grossa e rígida, como se estivesse em uma condição muito próxima à morte. O engrossamento da pele era mais intenso no pescoço e área da garganta, já que praticamente não havia ligação entre sua cabeça e seu corpo.

No início das sessões de análise, June logo pediu para fazer o trabalho corporal. Eu sabia que a intensidade do trabalho corporal seria demais para ela, na verdade seria perigoso. Sentia que era cedo demais para tocá-la, uma vez que sua doença se manifestava na pele, o órgão do toque. Tocá-la antes de estabelecermos uma confiança real, e antes de conseguirmos ver o que a doença na pele podia significar, poderia piorar muito as coisas, tanto em relação ao problema consciente da doença na pele em si, quanto em relação a trazer material do inconsciente cedo demais. A psique tem seu próprio tempo. Assim, decidi começar o trabalho corporal de uma maneira bastante incomum.

June e eu começamos as sessões de trabalho corporal enquanto ela sentava na cadeira. Sugeri a cadeira porque senti que o chão ou mesmo um colchão poderia trazer coisas rápido demais do inconsciente, o que poderia piorar muito os sintomas em sua pele, um risco que não poderíamos correr. A doença estava tão aguda naquele momento que June às vezes delirava em consequência

---

[42] Consulte Mabel Todd, *The Thinking Body*, p. 13.

de ficar sem dormir. Ela estava tão exausta nas semanas iniciais da análise, e seu grau de ansiedade era tão elevado, que às vezes ela chegava para a sessão, sentava-se em sua cadeira e dizia: "Ah, que bom, agora estou aqui." Aí ela se recostava, fechava os olhos por alguns instantes até que as palavras pudessem começar a contar suas verdades. Eu via nessa atitude um forte potencial de cura na medida em que naquele momento ela entrava em contato com um estado profundo, arcaico, pré-verbal. Algumas vezes nós prolongávamos conscientemente esses estados, e eu apenas seguia sua respiração, a inspiração e expiração, enquanto ela permanecia recostada.

Algumas vezes June pegava no sono e quando acordava, cerca de quinze minutos depois, parecia revitalizada, com um pouco mais de energia do que antes. Ficou claro para mim que, nesses momentos, ela retornava a um ponto bastante anterior, de volta ao útero antes do nascimento, ou talvez a um momento ainda anterior à concepção. No entanto, June permanecia na cadeira. Sempre existe um certo risco com esse tipo de pessoa, essas que têm pouco ou nenhum alicerce, de resvalar para o inconsciente. Jung descreve esse risco claramente nos seminários de Nietzsche:

> E então Zaratustra simplesmente carrega um corpo e não tem relação com a vida; ele não tem pés físicos, um *pied à terre*, e consequentemente se perde da realidade. Enquanto homem, perde contato com a terra, está constantemente ameaçado pela insanidade[43].

Sentar-se em uma cadeira em vez de no chão, na postura tradicional do ioga, também pode ter um efeito de fundamentação nos casos em que as etapas iniciais

---
[43] *Zaratustra* de Nietzsche, p. 169.

não trazem nenhum alicerce ou base. Essa noção pode parecer confusa à medida que pensamos que sentar no chão daria a fundamentação necessária. Mas sentar-se no chão às vezes pode provocar uma regressão profunda e rápida demais, antes que o indivíduo esteja pronto.

Apenas sentar-se e respirar em uma cadeira com os pés e calcanhares firmemente apoiados sobre o chão se mostrou uma experiência muito valiosa na situação em que June se encontrava. No início, eu apenas seguia sua respiração, a inspiração e expiração. Assim como no método de respiração do ioga, *pranayama*, foi possível trazer o ritmo em uma respiração lenta e tranquila. Além da consequência natural de trazer alívio à ansiedade, a respiração pôde tornar-se mais profunda e assim penetrar com maior eficiência no sistema celular do corpo. A transformação pode ocorrer no sistema celular através da experiência completa do mundo arquetípico. É por fim a respiração, inspiração e expiração, que une o microcosmo ao macrocosmo. Pela respiração nos unimos ao Absoluto, e é por essa razão em particular que o controle da respiração desempenha um papel vital na prática do ioga.

A meta dessa respiração, de acordo com fontes taoístas, é imitar a respiração do feto no útero materno. "Retornando à base, retornando à origem, se afugenta o envelhecimento, se retorna ao estado fetal"[44].

Na verdade, trata-se de um tipo de respiração especial que uso somente para essa finalidade, ou seja, para levar o paciente de volta ao útero, para que possa vivenciar o arquétipo materno de uma forma totalmente nova. Assim se forma a *prima materia*. O *Baopuzi*, de Ge Hong, um

---

[44] Extraído do prefácio da obra *T'ai-si K'ou Chueeh* (Oral Formulas for Embryonic Respiration), citado em Mircea Eliade, *Yoga: Immortality and Freedom*, p. 67.

texto chinês sobre alquimia datado do século quarto, fala sobre a longevidade e a imortalidade, e sobre a respiração embrionária como o meio mais significativo para atingir esse fim[45]. Esse tipo de respiração rítmica fazia parte da disciplina dos alquimistas.

Um outro aspecto da disciplina dos alquimistas era a regulação do fogo transformador; em etapas diferentes do processo o fogo deve ser diferente e as etapas devem ser cuidadosamente seguidas. Os iogues lutam para conseguir um estado de "calor interno", que depois é traduzido passando a significar o domínio do fogo interior. Essa é uma das técnicas mais comumente empregadas no ioga tântrico para obter uma produção mágica de calor, que se supõe transformar o corpo mortal em um corpo espiritual eterno, ou seja, em um corpo sutil. Esse "calor interno" ou "calor místico" é criativo; existe um mito indiano que afirma que o mundo foi criado pelo deus Prajapati se aquecendo a um grau extremo por uma espécie de suor mágico. A tradição da sauna também atende ao propósito de tentar atingir essa condição de calor excessivo. Na Antiguidade, esse calor era obtido pela meditação próxima a uma fogueira ou prendendo a respiração. Diversas práticas de respiração, que incluíam a "respiração embrionária" bem como a retenção do ar para produzir um calor intenso, eram muito valorizadas e consideradas parte de técnicas místicas[46]. Psicologicamente, aquecer o corpo pode ser entendido como uma intensificação da consciência.

A respiração embrionária na verdade é distante de nossa forma coletiva de respirar; é disciplinada e rítmica, em vez de inconsciente e irregular como nossa respiração "natural" tende a ser:

---

[45] Livia Kohn, *Taoist Meditation and Longevity Techniques*, p. 287.
[46] Mircea Eliade, *Shamanism*, pp. 412 e seguintes.

Na prática da respiração embrionária, não se usa o nariz ou a boca. Respira-se da forma como faz um embrião dentro do útero; quem percebe isso chegou ao Tao[47].

É interessante notar que os taoístas colocam seus mortos em posição embrionária antes do funeral, tendo em mente a esperança do renascimento.

Se é possível obter essa prática de respiração, é possível também sentir-se contido no útero de uma mãe positiva. A confiança na vida tem início nesse recipiente amoroso. June estava ligando-se ao amor universal da mãe através da respiração nos exercícios comigo. Conforme Jung nos diz:

> Entendo o inconsciente muito mais como uma psique impessoal comum a todos os homens, embora se expresse através de uma consciência pessoal. Quando alguém respira, sua respiração não deve ser interpretada de forma pessoal[48].

E assim começou o trabalho corporal.

O ioga é um dos seis sistemas da filosofia indiana. Em sânscrito, a palavra *yoga* significa "unir, juntar, anexar, e casar, dirigir e concentrar a atenção para usar e aplicar"[49]. Frequentemente é compreendida como a união do indivíduo com o Self transcendental, com o que Jung chama de Self. Temos aqui um ponto de difícil compreensão. Hoje, no novo milênio, muitas pessoas do mundo ocidental buscam o *nirvana*, a extinção do sofrimento, uma forma de escapar da vida. O ioga geralmente é considerado um veículo da experiência transcendental humana, para

---

[47] Ute Engelhardt, *Qi for Life: Longevity in the Tang*, citado em Livia Kohn, *Taoist Meditation and Longevity Techniques*, p. 287.
[48] "The Psychological Aspects of the Kore", *The Archetypes and the Collective Unconscious*, o. r. 9i, par. 314.
[49] Esther Myers, *Yoga & You*, p. 9.

alcançar o absoluto e deixar o mundo material para trás. Isso não é nada prático para a maioria das mentes ocidentais. Aqui estou tratando de um sistema de ioga inicialmente concebido por Patanjali no século segundo.

Patanjali e os tantristas que o sucederam buscavam a liberdade, mas não a liberdade da realidade desse mundo conforme conhecemos. Devemos lembrar que a experiência é fundamental. A experiência vem naturalmente do conhecimento da vida de uma forma concreta, não só por se seguir um caminho espiritual que exclui a própria vida. A libertação é considerada libertação da ignorância; o principal é a aspiração por estados de consciência. O conhecimento é libertação. Particularmente o ioga tântrico atribui grande valor à experiência que, combinada ao conhecimento, irá libertar-nos.

Chegamos aqui a um ponto muito interessante. Mircea Eliade observa que a experiência é essencial à liberdade, mas, para que se tenha a experiência, é preciso ter um corpo[50]. Como os deuses não têm corpo, eles não têm experiência. Estão, portanto, em posição inferior à dos humanos e não podem alcançar a libertação por completo. A ideia alimenta nossas fantasias de sermos semelhantes a deuses, ou de encontrar algum tipo de ideal divino em nossos parceiros. Contrário às concepções populares, o ioga realmente enfatiza o corpo bem como o ser *na* experiência corporal. No tantrismo, a linha divisória entre os mundos humano e divino é uma linha pontilhada que pode ser cruzada através da prática sistemática do ioga.

Nunca estamos de fato prontos para nos separarmos do nosso corpo até o momento em que a alma parte para o outro mundo. Nem estamos separados da terra nesta vida. O objetivo é trazer o ego para uma relação de rendição

---

[50] *Yoga: Immortality and Freedom*, p. 40.

ao Self sem perder totalmente o ego. Paradoxalmente, o ego deve ser suficientemente forte para se render. Essa afirmação é a base do entendimento de nossa relação com o Self. Além disso, jamais devemos negligenciar a matéria, nossos corpos, em busca do transcendente. Vez após vez, tocamos o ponto em que o divino e o humano coincidem. O corpo recém-criado no ioga e na alquimia é o corpo sutil, a união dos opostos da mente e matéria. Falando em termos práticos, isso significaria que os *insights* obtidos pela mente tornam-se realidade no corpo. Um *insight* é inútil caso não se possa utilizá-lo. Devemos estar na realidade para que possamos viver neste mundo. O corpo sutil age como a interseção entre esses dois mundos.

> Claramente, a situação do iogue é paradoxal. Pois ele vive, mas tem a libertação; tem um corpo, mas conhece a si mesmo e assim é *purusa* (espírito); conta com a duração de sua vida, mas, ao mesmo tempo, compartilha a imortalidade; e, por fim, coincide com todo Ser, embora seja apenas um fragmento dele[51].

Os estudos de Jung sobre ioga foram condizentes com sua pesquisa sobre alquimia, partindo do pressuposto de que a alquimia era a formação de um corpo sutil criado pela arte da fabricação do ouro. O processo alquímico está relacionado ao cultivo do ouro, em outras palavras, com o desenvolvimento e aumento da consciência. Jung sabia que era na verdade uma forma ocidental de praticar o ioga e que a alquimia valorizava o corpo bem como o feminino, sendo que ambos são renovados no tantrismo como representantes de um movimento contrário em direção ao cristianismo[52]. Tanto a alquimia como o ioga estão

---

[51] Ib., p. 95.
[52] Sonu Shamdasani, *Introduction: Jung's Journey to the East*, in Jung, *The Psychology of Kundalini Yoga*, p. xlv.

relacionados à transformação do corpo como a meta do processo. O processo do ioga e da alquimia é semelhante à imaginação ativa, já que a transformação nesses dois âmbitos ocorre através da profunda concentração da imaginação. Uma forma moderna de imaginação ativa é um tipo específico de visualização em que imagens de sonhos, por exemplo, podem ser implantadas em várias partes do corpo permitindo que ocorra uma transformação no plano do corpo sutil[53]. Na tradição iogue, esse modelo de concentração é o que cria o mundo. Jung disse certa vez em uma palestra que "não é o mundo que produz a concentração, mas a concentração que produz o mundo"[54].

Ruth, quarenta anos de idade, vinha sofrendo por muito tempo de terríveis fobias, o que tornou sua vida muito restrita. Ela veio para análise com esperança de que o trabalho corporal pudesse ajudá-la a mudar a situação. Já havia tentado várias terapias durante anos, mas sentia que havia progredido muito pouco. Desde o início, pude notar um grande vazio dentro dela; o calor maternal estava quase completamente ausente em sua vida. Além das fobias, ela sofria de distúrbios do sono desde criança e não recebia nenhuma ajuda durante essas noites solitárias e cheias de pânico.

Certa vez, no início de nosso trabalho juntas, eu simplesmente me sentei ao seu lado, no chão, e coloquei minhas mãos em sua barriga. Para não ser invasiva demais, a cobri primeiro com um cobertor e coloquei minhas mãos sobre o cobertor. Depois de ajudá-la a aprofundar sua respiração abdominal, passei para os pés. Ela me disse,

---

[53] Trabalho sobre "ritmos do corpo e da alma" desenvolvido por Marion Woodman, Mary Hamilton e Ann Skinner em seu *workshop* intensivo de 7 dias para mulheres.
[54] *Modern Psychology*, vol. 3, p. 15.

mais tarde, que gostou muito de eu ter sentado aos seus pés, e que durante o relaxamento e respiração profunda, enxergara cores com os olhos fechados — um círculo preto com azul e vermelho dentro. Ela disse que essas cores se moviam o tempo todo, como se flutuassem em uma lagoa. Experimentou sentimentos de calor.

Ao chegar em casa, ela desenhou a imagem (Figura 4) porque, disse ela, isso ajudaria a conservar a lembrança dessas cores calmantes e quentes com ela pelo restante da semana.

Ruth repetia para mim que a única ligação que ela sentia com a vida e o subsequente alívio para seus ataques de pânico ocorriam com o trabalho corporal. Sua vida parece negra a maior parte do tempo, conforme exprime o desenho. Porém, durante o trabalho corporal, algo começou a emergir. De dentro dela, surgiu um centro azul-claro dotado de um efeito calmante tamanho que ela sentia que

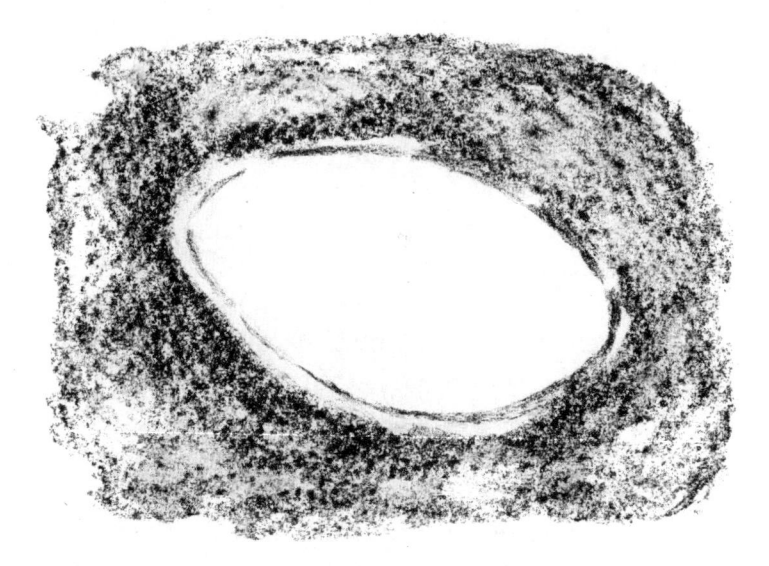

Figura 4. Desenho de uma paciente (forma oval interna em azul, cercada por uma faixa vermelha e fundo preto).

podia ter conseguido qualquer coisa naquele momento. Não muito depois dessa experiência, Ruth conseguiu realizar algumas das atividades que ela mais temia, como subir em um teleférico. Em volta do azul na figura, vemos o vermelho, a cor da emoção e do instinto. Na parte preta, ou *nigredo*, surgiram as cores opostas no espectro, ou seja, o azul do ultravioleta, ou lado arquetípico, e o vermelho relativo ao instinto, o lado infravermelho. Algo naquele breve momento reuniu os dois lados, do espírito e do instinto. Ruth se envolvia no mundo arquetípico. Essa experiência também foi promovida pelo meu toque que, aplicado de forma correta, sempre ocorre nos dois campos: pessoal e arquetípico. Conforme Eric Franklin nos diz: "O toque é uma forma poderosa de influenciar a imagem corporal porque é uma das primeiras formas de experimentarmos as fronteiras do corpo"[55].

Retomando o problema essencial do ioga para o Ocidente, nos lembramos que Jung alertou os ocidentais para que defendessem a prática do ioga, sob a premissa de que não podemos entender o *nirvana* sem perder o contato com a realidade. No entanto, Jung proferia seminários sobre ioga kundalini, bem como sobre as visões de uma mulher, Christiana Morgan, cuja jornada se compara à ascensão e descida da serpente Kundalini. Jung sempre enfatiza a necessidade absoluta de ter uma relação com a terra e com o corpo. A ligação com a terra parece ser o ponto essencial para os ocidentais, não apenas pela prática do ioga mas por si mesma, já que a relação com a terra está tão ausente em nossa cultura atual.

A cultura oriental é introvertida em comparação com a ocidental. A mente do hindu, por exemplo, considera espontaneamente que o mundo foi criado de algo interno, de um ponto energético central. O oriental já sabe que os

---

[55] *Dynamic Alignment Through Imagery*, p. 48.

opostos são parte de um mesmo todo e da mesma coisa, que nunca se pode de fato separar o calor do frio, o yin do yang, e assim por diante. Desse modo, eles conseguem conceber mais facilmente um mundo livre de conflitos, já que nunca perderão a consciência dos opostos.

Pense no que "isenção de opostos" realmente significa. Caso alguém fosse realmente livre dos opostos, estaria morto; não haveria vida de forma alguma. Portanto, é mais correto afirmar que o objetivo é muito mais ser capaz de *tolerar* opostos extremos. Em outras palavras, conservar a quietude interior até que a vibração que existe entre os pares de opostos desapareça, trazendo a experiência de êxtase em meio ao silêncio. Isso é o que no ioga chama-se *ekagrata*, que literalmente quer dizer "em um único ponto". *Ekagrata* põe fim à flutuação e dispersão dos estados de consciência[56].

Jung escreve em *The Visions Seminars* (Seminários sobre Visões) que a consciência no Oriente já "desceu", ou seja, já está ligada à terra. É lógico, portanto, que no Oriente o objetivo seja a ligação com o que está acima, compensando assim o que falta; uma consciência clara não existe naqueles que vivem mais perto do inconsciente. Jung afirma que é um erro para os que vivem no Ocidente tentar chegar mais e mais alto, uma vez que já vivemos em um nível muito elevado, ansiando apenas o mundo espiritual. Devemos buscar mais estabelecer uma relação com nossas raízes e com o inconsciente. Ele afirma ainda que o que é realmente necessário é estabelecer a *conexão* (ênfase minha) entre acima e abaixo[57]. Essa é a meta do iogue em nosso mundo ocidental.

Acima, assim como abaixo. O inconsciente contém

---

[56] Mircea Eliade, *Yoga: Immortality and Freedom*, p. 55.
[57] *The Visions Seminars*, p. 599.

os dois aspectos: o intelectual e o espiritual, bem como o escuro e o húmus. O desejo de ser um pássaro, que acompanhou June por toda a vida, explica por que ela estava doente. Ela vivia em um mundo de fantasia e, portanto, sua ligação com a realidade era mínima. Os pássaros, enquanto criaturas do ar, são símbolos conhecidos do espírito. Eles também representam o aspecto racional do nosso ser. June vivia a vida em sua cabeça, separada do corpo, manifestando assim um pescoço grosso, que praticamente não era humano. Vale mencionar que Christiana Morgan teve uma visão na qual algo muito estranho acontecia. Uma ave branca, de repente, se transformava em um falcão negro. Esse falcão descia rapidamente à terra e subia outra vez, mas levando um ovo no bico[58].

Isso nos remete novamente às imagens em gesso que apareceram no sonho de June. Nessa visão fica claro que o espírito não só representa uma ânsia pelo lado iluminado, mas também traz um aspecto sombrio. June precisava integrar esse aspecto sombrio. Na visão de Morgan, o espírito se manifesta abaixo, no escuro, no âmbito do húmus, bem como acima, em sua forma aérea. Mas as possibilidades de um novo começo estão no aspecto terrestre, no obscuro, assim como o falcão traz o ovo para cima, na terra. Podemos ver agora que, aliado aos aspectos positivos de renovação no simbolismo da cor branca, o sonho inicial de June apontava para a unilateralidade. Conforme Marion Woodman explica, a redenção não vem através da busca dos aspectos iluminados da vida:

> Contudo, o renascimento para um nível mais elevado de consciência não se consegue voando pelo ar. A ascensão é equilibrada pela descida. O tesouro é recuperado através do encontro com o húmus devorador, o lado sombrio

---

[58] Ib., p. 346.

da Grande Mãe. Conforme Jung, trata-se de trabalhar no nível mais profundo do inconsciente somático para trazer o corpo sutil ao consciente[59].

No século 13, o alquimista árabe Avicena, descreveu uma águia voando alto com a extremidade de uma corrente presa a suas garras; a corrente descia atingindo o solo, e nessa outra extremidade havia um sapo preso. O verso que acompanha essa descrição é o seguinte:

> Bufonum terrenum Aquile conjunge volanti,
> In nostra cernes arte magisterium[60].

Sua tradução significa: "Ligue o sapo da terra à águia do céu e entenderá o segredo de nossa arte" (Figura 5).

Figura 5. Águia voando ligada a um sapo.

---
[59] Woodman e Dickson, *Dancing in the Flames*, p. 58.
[60] Citado em Jung, *Zaratustra* de Nietzsche, p. 1413.

A águia é um exemplo supremo do divino. É o único animal que pode olhar direto para o Sol sem ficar cego. Sendo solar e divino, sentimos orgulho ao nos identificar com a águia. O sapo, por outro lado, sempre esteve associado à Mãe Terra, especialmente em sua função de ajudar no parto. O sapo simbolizava o útero. Existe um costume em alguns países de, se uma mulher tiver uma doença no útero ou algum outro tipo de problema relacionado à gravidez, em vez de fazer uma imagem de cera do útero e pendurá-lo em uma igreja, fazer uma imagem de cera de um sapo, e pendurá-lo próximo à estátua da Virgem[61].

Havia uma carência na relação de June com a mãe, com o útero, e, portanto, com suas raízes como jovem. Na verdade ela tinha muitos sonhos como esse no início da análise:

> Vejo uma mulher grávida, desconhecida. Ela partilhava a cama com um homem mau. Depois ela foi para a estrada e deu à luz. Deixou o bebê lá fora, na estrada, enquanto entrou para se lavar. Mais tarde ela saiu para ver a criança mas acho que talvez ela não queira ficar com a criança, mas de fato livrar-se dela.

Aqui falta claramente o instinto materno. June também era incapaz de atender como mãe sua criança interior e assim ter uma relação com seu próprio corpo bem como com seu potencial feminino. Sapos e rãs são uma primeira tentativa da natureza de fazer algo semelhante a uma forma humana, por isso são símbolos da transformação humana. Vemos aqui que o elemento sapo traria o que estava faltando. Nietzsche pensava no sapo como o homem inferior que vivia no pântano ou no lodo. Jung comenta sobre a recusa de Nietzsche a aceitar seu lado instintivo:

---

[61] Marie-Louise von Franz, *The Interpretation of Fairy Tales*, p. 73.

Ele se recusava a aceitar o outro lado porque era repulsivo demais, e porque estava associado à fobia: ele sofria da ideia de que tinha de engolir um sapo ou uma rã; sempre que via um sofria uma inclinação compulsória de engoli-lo. Isso surgiu em um sonho em que um sapo sentava em sua mão; referia-se a uma infecção por sífilis que ele não conseguia aceitar, era seu ponto de colisão com a terra, era nesse ponto que a terra o trazia para baixo[62].

Os sapos são verdes, da cor da vegetação, da esperança e da vida nova. A cor de Osíris era verde, simbolizando a ressurreição. Os sapos e rãs vivem na terra, mas dependem da água para viver e, portanto, oferecem forte associação com o inconsciente. Na mitologia, os sapos e rãs são os guardiões da chuva e frequentemente participam dos rituais de encantamento destinados a trazer chuva em tempos de seca. Diz-se que os índios *aymara* fazem pequenas imagens de sapos e outros animais aquáticos e as colocam no topo de montanhas como forma de atrair a chuva. Algumas superstições na Europa afirmam que matar um sapo traz a chuva. Na região central da Índia, as pessoas prendem um sapo a uma vareta coberta por folhas verdes e galhos da árvore nim e levam de porta em porta cantando:

> Mande logo, oh sapo, a preciosa água!
> Para amadurecer o trigo em nosso campo[63].

Vemos claramente aqui que os sapos e rãs têm uma relação vital com a água, com o inconsciente, e com o feminino, com a terra. Eles representam o elemento essencial necessário para equilibrar a ânsia pelo espírito em nosso

---

[62] *The Visions Seminars*, p. 543.
[63] James Frazer, *The Golden Bough*, p. 72.

tempo. Eles também aparecem nos contos de fada como a forma encantada de um humano, para trazer a redenção do lado instintivo da vida[64]. Conforme diz Jung:

> Eu mencionaria a águia e o sapo ("a águia voando pelo ar e o sapo rastejando na terra")... a águia representando Luna, "ou Juno, Vênus, Beya, fugitivos e alados como a águia, que voa até as nuvens e recebe os raios do sol nos olhos". O sapo é o oposto do ar, um elemento que é contrário, ou seja, a terra, sendo que por si mesmo se move a passos lentos, e não confia em outro elemento. Sua cabeça é muito pesada e contempla a terra. Por essa razão denota a terra filosófica, que não pode voar (ou seja, não pode ser sublimada), já que é firme e sólida. Sobre ela como base, a casa dourada deve ser erguida. Não fosse pela terra em nosso trabalho, o ar se esvairia, nem mesmo teria o fogo sua nutrição, nem a água teria seu vaso[65].

Descobrir uma relação com seu corpo traria June à formação de uma nova estrutura dentro dela, uma estrutura que se baseava em ter as raízes na terra e no mundo à sua volta. Na verdade, algo notável aconteceu com alguns meses de análise. June continuava mencionando seu desejo de ser um pássaro e simplesmente escapar das dificuldades da vida na terra. Essas afirmações geralmente ocorriam quando sua pele piorava. Percebi então, especialmente naquelas ocasiões, que sua relação com o lado positivo do feminino se havia perdido. Algumas vezes eu sugeri que ela se movesse mais lentamente e prestasse atenção a seus pés enquanto andava, para que pudesse sentir a orientação do seu corpo, mas ela resistiu

---

[64] Consulte Marie-Louise von Franz, *Redemption Motifs in Fairy Tales*, p. 70.
[65] "The Components of the Coniunctio", *Mysterium Coniunctionis*, o. r. 14, par. 2.

às minhas sugestões todas as vezes, dizendo que preferia flutuar como um pássaro. Desde a infância, June imaginava ser um pássaro, livre e capaz de voar para o céu. Sentia aí que sua vida poderia ser perfeita e despreocupada. Ela parecia de fato levar uma vida despreocupada, conforme se lembrava, até ser acometida pela doença de pele aos vinte anos.

Algum tempo depois, quando o estado de sua pele começou a melhorar, June me disse que de manhã cedo um pássaro viera até sua janela e ficara preso entre as vidraças. Ele permaneceu ali e cantou durante horas, até que ela se levantou e o libertou. June sentiu que o pássaro trazia para ela a mensagem de que estava livre agora. Ela soube imediatamente que não precisava mais ser um pássaro. Pediu-me de novo na sessão seguinte que começássemos o trabalho corporal e eu concordei. June sabia que havia chegado o momento de estabelecer sua ligação com a terra.

Alguns anos mais tarde, eu estava escrevendo este texto, enquanto passava o inverno em uma magnífica fazenda nos Alpes de Provença, na França. Um dia, de manhã cedo, antes do nascer do sol, fui abrir a janela da minha biblioteca. Ali no escuro, estava um sapo, enorme, dormindo entre a porta e a veneziana. Sem saber, na escuridão da noite anterior, eu havia fechado o sapo ali dentro, e ocorreu essa magnífica sincronicidade. Então tive certeza de que esse trabalho envolve uma ligação profunda e misteriosa com o mundo instintivo.

4

A COLUNA COMO EIXO ENTRE O CÉU E A TERRA

> Venha e veja:
> O mundo acima e o mundo abaixo
> existem em perfeito equilíbrio:
> Israel abaixo, os anjos acima.
> Sobre os anjos está escrito:
> "Fazes a teus anjos ventos"(Salmo 104:4),
> Mas, ao descerem, usam as vestes deste mundo.
> Se não usassem as vestes deste mundo
> não conseguiriam suportar o mundo
> e nem o mundo os suportaria.
>
> Zoa

Minha ligação pessoal com o trabalho corporal ocorreu pela prática do ioga, o que exemplifica a essência de se relacionar tanto com a terra abaixo quanto com o céu acima. Trata-se da personificação do masculino e do feminino através da união dos opostos.

Há, na verdade, seis escolas de ioga mas é com o Hatha ioga, bem como com técnicas de respiração e meditação, que estamos mais familiarizados no ocidente. O Hatha ioga foi desenvolvido para fortalecer o corpo através de posições (em sânscrito chamadas *asanas*). Surgiu como uma forma sistematizada de ioga no século 6 e foi praticada como preparo para se atingir uma consciência superior. Os defensores do Hatha ioga afirmavam que, para purificar a mente, primeiro era preciso que o corpo passasse por um processo de purificação. Essa filosofia corresponde diretamente ao processo de alquimia, pelo qual a substância desejada primeiro é purificada e depois destilada para fora da matéria, para fora do corpo, para que mais tarde possa se reunir ao corpo em sua forma purificada.

O Hatha ioga é muitas vezes erroneamente confundido com uma simples prática física, em outras palavras, exercício físico glorificado. A palavra *Hatha*, contudo, quer dizer *Ha*, Sol, e *tha*, Lua. Hatha ioga portanto quer dizer a união entre o princípio solar masculino com o princípio lunar feminino, sendo que o significado de ioga é união. Essa união é desejada para se obter uma consciência superior. Jung compara o Sol e a Lua aos dois olhos do céu[66]. O objetivo do Hatha ioga é, na verdade, a união do espírito (*prana*) e da matéria com o Self, cujo resultado é o corpo divino imortal. A meu ver, o objetivo do Hatha ioga é desenvolver o corpo para que se torne um recipiente flexível capaz de conter o imenso poder do espírito.

Frequentemente pensamos que estados espirituais, extáticos ocorrem apenas na mente. Na verdade, contudo, estados místicos podem ter um efeito profundo sobre o corpo, especialmente sobre o sistema nervoso. Uma mestra espiritual da atualidade, Da Free John, concluiu que o esclarecimento espiritual deve ocorrer no corpo inteiro. O objetivo, portanto, é produzir um corpo divino, ou o que é chamado no misticismo e na alquimia de corpo diamante, o incorruptível corpo-respiração que cresce dentro da flor da vida. Sempre houve uma intenção de conseguir a imortalidade pela transformação do corpo. Por serem translúcidos, bem como incorruptíveis, os diamantes permitem a passagem da luz sem nenhuma obstrução. Jung observou que no ioga chinês a flor de ouro é o local de nascimento do corpo diamante, que

---

[66] *The Visions Seminars*, p. 309.

aqui recebe o significado de corpo sutil, ou corpo etéreo[67]. Da Free John expressa com eloquência a ligação entre a experiência religiosa e o corpo:

> O segredo para a linguagem mística e a metáfora religiosa não está na teologia ou na cosmologia, mas na anatomia. Todas as linguagens cosmológicas e religiosas do misticismo são metafóricas. E as metáforas são símbolos das características anatômicas das estruturas funcionais superiores do indivíduo humano.
>
> Aqueles que se aprofundam na dimensão mística da experiência, logo descobrem que o projeto cósmico que esperavam encontrar em seu caminho interno de ascensão a Deus é, na verdade, apenas o projeto de suas próprias estruturas anatômicas ou psicofísicas. Na verdade, este é o segredo desvendado aos iniciados nas escolas místicas[68].

Da Free John percebeu que primeiro é necessário ligar-se à realidade através do corpo e depois levar a experiência para dentro. Frequentemente é só depois desse acontecimento que se inicia a ascensão a estados mais elevados de consciência. O céu e a terra se juntam em uma união extática.

Uma das principais figuras da alquimia é Maria Prophetissa, uma judia que vivia no Egito por volta do século 2 ou 3. Um famoso ditado dela é: "Eu sou tua terra e você é meu céu"[69]. Na verdade, o céu não é nada sem a terra e vice-versa. Encontramos na obra *Psicologia e Alquimia* de Jung uma gravura atribuída a Michael Maier em 1617 que descreve a união do superior com o inferior (Figura 6).

---

[67] Ib., p. 709.
[68] Extraído de *The Enlightenment of the Whole Body*, citado em Georg Feuerstein, *Yoga: The Technology of Ecstasy*, p. 7.
[69] Fonte desconhecida.

Figura 6. Maria Prophetissa. Ao fundo, a união do superior com o inferior.

Nela, Maria aponta para uma pequena montanha em cujo centro cresce uma erva branca contendo cinco galhos. Ao pé dessa montanha está um vaso do qual sobem duas colunas de fumaça que se separam, formando um círculo em torno da erva branca, e subindo rumo ao topo. Essas duas colunas, por sua vez, se encontram com duas colunas de fumaça que descem de um vaso invertido situado no plano celestial. Tudo acima é a imagem espelhada do que se encontra abaixo. Parte do comentário que acompanha a gravura explica:

> A fumaça ama a fumaça, e este amor é recíproco:
> Mas a erva branca no topo da montanha retém ambos[70].

Diz-se que essa erva branca ergue a noiva de Mercúrio, Filologia, ao nível de seu esposo divino. Ela foi elevada

---
[70] Raphael Patai, *The Jewish Alchemists*, p. 78.

ao plano imortal[71]. A brancura da erva significa a possibilidade de uma nova vida, de cura no corpo eterno. O *albedo* sinaliza a vinda da nova luz após a longa escuridão. Conforme adeptos, depois de a etapa inicial tão difícil ser assumida, o restante do processo torna-se fácil.

Portanto, vemos aqui que a união do superior com o inferior, do masculino com o feminino, e do mundo divino com o humano resulta em uma erva branca de cinco galhos, sendo que cada um dá uma flor. Esse florescimento no centro de todo o processo representa o elixir da vida. A imagem da erva branca que fica no centro e se liga ao inferior e ao superior, e vice-versa, em um movimento espiral contínuo, corresponde, metaforicamente falando, à função do osso sacro em nossos corpos. Esse grande osso que fica na base da coluna vertebral liga a metade inferior de nosso corpo à metade superior. Na verdade, o sacro age como eixo central pelo qual a energia pode fluir.

A coluna é a primeira estrutura que se forma no feto dentro do útero materno, e todas as outras estruturas, como pernas e braços, se formam a partir dela. A coluna de um bebê é macia e flexível, mas, à medida que envelhecemos, ela se torna dura e inflexível. Muitas pessoas "encolhem" ao longo do tempo, em parte porque o corpo se desidrata com o passar dos anos. Além disso, o corpo deve ser suficientemente forte para resistir à gravidade e superar a tendência a ser empurrado em direção ao centro da terra. Isso requer energia e também flexibilidade, pois sem flexibilidade a força se transforma em rigidez. Como me disse, há muitos anos, um iogue que morava nas montanhas acima de Tiberius em Israel: "Sua idade é proporcional à flexibilidade de sua coluna." Na verdade, não temos "idade"; podemos

---

[71] Jack Lindsay, *The Origins of Alchemy in Graeco-Roman Egypt*, p. 83.

tornar-nos mais flexíveis e nos sentir muito mais saudáveis à medida que envelhecemos se trabalharmos com a coluna da maneira correta e a reeducarmos para recuperar sua flexibilidade original.

A coluna é composta de vértebras individuais que formam uma estrutura curva quadrilateral. A curva menor se encontra no topo e a maior e mais profunda fica na parte inferior, na região do osso sacro. Esse osso, fundo, curvo e arredondado, é essencial para o projeto estrutural do corpo, já que é indispensável para a sustentação da coluna. O fato de ser arredondado confere maior estabilidade à base.

Assentado na parte inferior da coluna, o sacro é formado por cinco vértebras que se fundem, e têm a posição ideal para firmar e servir de apoio a ela. A parte superior do sacro é mais ampla que a vértebra lombar que fica acima dela, de modo que pode agir como estrutura para aguentar peso. No entanto, o sacro fica bem mais superficial à medida que continua em direção ao cóccix, terminando em um formato de cauda, que se supõe remanescente de nossos ancestrais.

June e eu começamos nosso trabalho com a respiração que atinge a região do sacro. Isso se faz deitando-se de costas, de preferência com as pernas flexionadas, já que essa posição protege contra danos na parte inferior das costas. É importante notar que, para pessoas com qualquer tipo de desconforto, aconselha-se nunca deitar no chão com as pernas estendidas, especialmente no início dos trabalhos.

Voltamos à respiração. Lembramos que a *prima materia* simboliza tanto o início quanto o final do trabalho. No início, conforme a lenda, Adão era feito de pó reunido dos quatro cantos do mundo. Porém, Adão não tinha vida:

Então, formou o Senhor Deus ao homem do pó da terra e lhe soprou nas narinas o fôlego de vida, e o homem passou a ser alma vivente[72].

Adão era apenas uma estátua sem vida antes de receber o sopro divino. Depois de ser imbuído em *prana*, o dom da vida, Adão representou o objetivo final da obra. Um dos primeiros tratados gregos de alquimia, o Livro dos Komarios, diz:

> Depois de o corpo se ter ocultado na escuridão, [o espírito] o encontrou cheio de luz. E a alma uniu-se ao corpo, e o habitou. Pois o corpo se cobriu com a luz da divindade, e a escuridão se foi, e todos se uniram no amor, corpo, alma e espírito, e se tornaram um; aqui se encontra o mistério. Mas o mistério se cumpriu na união, e a casa foi selada, e a estátua erguida, repleta de luz e divindade[73].

É interessante notar que Edward Edinger relata que hoje em dia, em nossas práticas, não vemos muitos sonhos que contenham imagens de estátuas; em vez disso, as pessoas sonham com bonecos que são imagens contemporâneas das estátuas[74]. A estátua representa Adão no estado inanimado que ainda precisa ser animado, ainda necessitando da força vital que entra em seu corpo pela respiração.

No ponto crucial da análise, logo que June achou que estava pronta para abandonar o sonho de ser um pássaro e começar o trabalho corporal comigo, teve um sonho:

> Nós (eu e outras pessoas) estávamos em uma espécie de caverna, estávamos construindo coisas, fazendo

---

[72] Gênesis 2:7.
[73] Citado em Jung, "Adam and Eve", *Mysterium Coniunctionis*, o. r. 14, par. 559.
[74] *The Mysterium Lectures: A Journey Through C. G. Jung's* Mysterium Coniunctionis, p. 234.

coisas. Fiz a cabeça de uma boneca com cabelos loiros. Então, vieram muitos passarinhos — azuis, como aquele que esteve na minha janela recentemente. No entanto, eram muitos, e estava difícil me livrar deles — eles não paravam de me rodear. Eles me beliscavam. Mas no fim conseguimos nos livrar deles. Eles estavam naquele lugar mas eu tinha a sensação de que estavam nas minhas costas inteiras. Fugimos ao mesmo tempo em que íamos trancando cada uma das portas e janelas ao passarmos de um cômodo para outro. Todas as vezes que tentávamos trancar essas portas e janelas, havia um buraquinho na janela, ou faltava a chave. Nunca estávamos bem certos de que os pássaros não passariam, então tínhamos de fechar todas. Um homem permaneceu na última porta pelo lado de dentro. Ele dizia que ia ficar ali porque era mais seguro e assim teria certeza de que eles não escapariam. Foi então que eu percebi que tinha esquecido a boneca que fiz, mas decidi não voltar por causa dos pássaros.

Para June, ser um pássaro significava não confrontar os aspectos sombrios e o lado obscuro da vida, o húmus, o corpo. Os pássaros aqui ficam em uma caverna, no complexo materno. A falta de alicerce em uma mãe positiva era o que forçava June a se dispersar, buscando refúgio no mundo espiritual. O corpo era então fraco demais para conter o espírito e ela adoeceu. June sempre quis ser um pássaro, mas havia chegado a hora de ela confrontar os aspectos sombrios da vida. June havia sofrido de uma intensa depressão antes do surgimento da neurodermite. Como a mente não estava forte o suficiente para lidar com o conflito, a luta se mostrou no corpo, onde podia ser vista. Na época do seu sonho, a doença de pele tinha praticamente desaparecido, dando origem ao sonho, quase imobilizando a depressão. Nesse ponto, o trabalho analítico ficou mais difícil porque, conforme mencionado anteriormente, é muito mais fácil ver uma doença no corpo do que trabalhar com ela na mente, onde está relativamente invisível.

No sonho, June tenta criar um relacionamento com uma boneca, que representa a parte sombria nela que estava sendo despertada, acredito pela primeira vez, para a força vital existente dentro dela. Isso representava algo completamente intocado nela, já que na realidade June é morena e não possui nenhum cabelo loiro. O inconsciente estava tentando dar vida a ela. Nesse sonho, é possível notar que o poder de um complexo frequentemente se fortalece, fazendo uma última tentativa para provar sua autonomia, à medida que se aproxima da consciência. Os pássaros estavam tentando evitar que ela estabelecesse uma relação com novas possibilidades. Portanto, teve de deixar a boneca para trás. Porém, no final do sonho, um animus[75] prestativo é capaz de protegê-la do ataque dos pássaros.

O sonho mostra que June não estava pronta para abraçar sua própria vida porque nele ela precisava deixar a boneca para trás. Havia pássaros demais que, no final das contas, acabariam por desviá-la de seu objetivo. Frequentemente encontramos essas características em nosso trabalho com pessoas que carecem de uma ligação com a realidade — elas se distraem com buscas espirituais infundadas. Mesmo assim, o sonho ajuda, uma vez que se trata de energia que se tenta mover na direção de desenvolver um animus útil que lhe conferiria sua própria criatividade e lutaria por seu próprio feminino. Aqui, a figura desconhecida do animus é capaz de manter os pássaros presos enquanto June consegue escapar e ficar livre, apesar de

---

[75] "Animus" é um termo usado por Jung para denotar o lado masculino de uma mulher. Em seu aspecto negativo, o animus tem julgamento e opinião fortes e tenta dominar o lado feminino da mulher. Em seu aspecto mais positivo, o animus representa seu potencial de cura criativa, que intermedeia sua mente consciente e o inconsciente.

ter deixado a boneca para trás.

À medida que June começou a seguir sua própria respiração em posição reclinada, pedi que primeiro ela apenas observasse sua respiração. É nessa capacidade de presenciar o que está acontecendo que começa a consciência. É onde nos tornamos simultaneamente observadores e observados. Isso é colocado de forma primorosa na obra Mundaka Upanishad, III, 1:

> Como dois pássaros dourados empoleirados na mesma árvore,
> amigos íntimos, ego e Self
> habitam o mesmo corpo. O primeiro se alimenta
> das doces e saborosas frutas da árvore da vida
> enquanto o segundo olha com desprendimento[76].

Vemos aqui também que o Self representa uma consciência superior, e está por trás de todas as ações do ego. O ego serve como instrumento para realização do Self.

É fundamental que observemos a respiração se quisermos ser imparciais. A respiração pode ser tensa e rasa, pode ser rápida, ou longa, lenta ou relaxada. No início de nossa prática só é necessário observar o que está acontecendo no corpo. É nesse momento que a consciência se inicia. Com o simples fato da observação, a respiração é capaz de se alterar, de transformar-se em uma respiração que não só se aquieta como também pode aprofundar-se, penetrando gradualmente nas células do corpo onde pode ocorrer a cura. Observar a respiração permite ao corpo começar a receber a vida, sentir a força vital interior. A respiração é o nosso presente da vida. É a inteligência do corpo[77]. Ela nos nutre na eternidade. Quando recebemos a respiração, ao inalarmos, não precisamos fazer esforço,

---
[76] *The Upanishads*, p. 115.
[77] T. K. V. Desikachar, *The Heart of Yoga*, p. 22.

ela surge espontaneamente. É através da confiança que a inspiração se torna relaxada e passiva. Se não fizermos nada, a respiração surge por si mesma. Quando estamos relaxados, os pulmões ficam livres para receber o máximo de ar disponível nesse momento específico. Alguns dias haverá mais energia acessível, em outros dias menos. É fundamental que permaneçamos imparciais durante a inalação para permitir que a natureza siga seu curso e que a respiração como um todo evolua.

Sempre começo com a respiração centrada no ventre, o centro *hara*. Mais tarde é possível passar a outros centros do corpo. É no ventre que entramos em nossas origens pré-psicológicas, mãe, nosso desenvolvimento desde o princípio. Povos primitivos acreditavam que a vida emocional se localizava no ventre e que o pensamento ocorria ali ou talvez no coração, mas nunca na cabeça. A palavra *hara* significa ventre, a região imediatamente abaixo do umbigo, não o estômago como muitas vezes se pensa. O *hara* pode ser facilmente encontrado se colocarmos o polegar sobre o umbigo e os dedos sobre o osso púbico que fica abaixo, conseguindo desse modo sentir o movimento promovido pela respiração na área que fica entre o polegar e os outros dedos. Os japoneses consideram *hara* o centro da gravidade, e portanto implica equilíbrio, um centro e uma ligação com o centro da vida. A concentração no centro reúne a força vital por excelência.

É com a exalação, a exteriorização do ar, que conseguimos eliminar as impurezas que residem no nosso corpo, que promovem todo tipo de bloqueio, tanto psíquico quanto físico. À medida que exalamos, esvaziamos os pulmões o máximo possível para que a nova respiração, o *prana*, entre com toda a sua capacidade. Ao remover os bloqueios, o fluxo natural de energia pode retornar e o corpo consegue liberar e deixar ir. Há aproximadamente dois mil anos, Patanjali descreveu esse mecanismo muito bem na Yoga Sutra 4.3:

> Se um fazendeiro deseja molhar seus campos terraplenados, ele não terá de carregar água em baldes para as várias partes do campo; ele só terá de abrir o muro de contenção acima deles. Se os campos tiverem sido bem terraplenados e nada bloquear o fluxo da água, ela atingirá o último campo e a grama mais distante sem nenhuma ajuda do fazendeiro[78].

A inalação permanece passiva. Espera-se que a inspiração ocorra a seu tempo. A barriga se enche de ar, de vida. Espera-se um momento, e lentamente a barriga começa a expelir o ar. Tem início a exalação. Todo o trabalho, seja em um exercício simples de respiração como este, seja nas posturas (*asanas*), é feito na fase de expiração. Para exalar corretamente, é preciso permitir que todo o peso do corpo se apóie na coluna. Relaxamos apoiados na coluna com o peso da gravidade. A primeira obrigação mecânica da estrutura humana é obedecer satisfatoriamente à força da gravidade em direção ao centro da terra[79]. A parte posterior da cintura gradualmente se expande apoiada sobre o solo. Pode ser mais fácil visualizar toda a extensão da parte posterior da cintura se expandindo durante a exalação, assim como acontece com a manteiga quando começa a derreter. Sente-se o total apoio do solo de modo que não é preciso esforço algum para permanecer deitado e quieto. No início, parece que nem percebemos esse apoio que o solo oferece, mas infelizmente não é fácil se entregar a nada, nem mesmo ao solo debaixo de nós. Pode levar anos até que a confiança penetre nas células do corpo. O ioga não requer desempenho e competição, mas paciên-

---

[78] Citado em Ib., p. 58.
[79] Mabel Todd, *The Thinking Body*, p. 55.

cia. Trata-se de esperar até que algo comece a acontecer em seu próprio tempo.

A respiração nos leva a um estado de atenção quieta, a essência do ioga. À medida que seguimos a respiração, a liberação e fundamentação do exalar equilibram a receptividade e expansão da inalação[80]. Ao mantermos em mente o que foi acima descrito, enquanto nos deitamos no chão, tentamos trazer a consciência para a parte de trás do nosso corpo. Geralmente gosto de começar deitando no chão, já que fica relativamente fácil sentir a coluna no chão em uma posição reclinada. Raramente nos ligamos à parte de trás do nosso corpo. Já que caminhamos para a frente todos os dias, frequentemente confiamos na parte dianteira do nosso corpo para nos orientarmos. Evoluímos mais na parte frontal do nosso corpo. As costas simplesmente acompanharam sem que ficássemos cientes disso. Quando trabalhamos com as costas, trabalhamos o inconsciente, como diz Jung: "Não temos olhos atrás de nós; consequentemente, *atrás* é a região que não vemos, o inconsciente"[81].

Seguimos pela vida sem termos contato com nossas costas. Com o início desse trabalho, os aspectos sombrios começam a surgir pela primeira vez no estado consciente, especialmente os aspectos relacionados ao complexo materno negativo. Nossa vida parece transcorrer bem e quando, de repente, algo simplesmente não funciona mais, sofremos. Pode parecer muito estranho de fato; afinal de contas, provavelmente não *fizemos* nada com nossas costas, no entanto ela grita em um pedido de atenção. Em nossa sociedade vem tornando-se cada vez mais essencial

---

[80] Esther Myers e Lynn Wylie, *The Ground, the Breath & the Spine*, capa.
[81] "Individual Dream Symbolism in Relation to Alchemy", *Psychology and Alchemy*, o. r. 12, p. 55.

dar atenção ao nosso corpo. Se olharmos à nossa volta por um instante, encontraremos pessoas por toda parte que se queixam de problemas nas costas; nutrimos uma vida unilateral ao negligenciar as costas e a coluna. Devemos empreender a gigantesca tarefa de ligar o mundo do sonho ao mundo da realidade corporal. Jung explica com clareza a importância de combinar o trabalho corporal à análise dos sonhos:

> **Dr. Jung**: O Self está aqui levando o paciente de volta à realidade tangível. Sabemos que na psicologia do inconsciente o corpo é sempre algo como a terra, é pesado, denso, algo que não se pode remover, um obstáculo. É o aqui e o agora, pois, para que se esteja de fato no aqui e agora, é preciso estar no corpo. Mas temos uma faculdade bastante peculiar de sairmos do corpo, que novamente é como o primitivo...
> **Srta. Hannah**: E até que ponto ajudaria a paciente se ela voltasse ao corpo? Conseguiria entender ou teria de começar tudo outra vez?
> **Dr. Jung**: Qualquer coisa que se experimenta fora do corpo possui a qualidade de não ter corpo; então é preciso vivenciar toda a situação de novo, de uma nova maneira. Daí, tudo aquilo o que você aprender na análise acontecerá com você na realidade. É assim que deve ser porque você é o ponto de identidade, é você quem vivencia a análise e a vida. Qualquer que seja a sua experiência fora do corpo, em um sonho, por exemplo, não é vivenciada a não ser que traga essa experiência ao seu corpo, porque o corpo significa aqui e agora. Se você tem um sonho e deixa que ele passe, não acontece nada, mesmo que seja o mais pitoresco, mas, se olhar para ele com o objetivo de compreendê-lo, aí o traz para o aqui e agora, e o corpo passa a ser uma expressão visível do aqui e agora. Por exemplo, se você não tivesse trazido seu corpo para esta sala, ninguém saberia que você estava aqui; embora mesmo que você

parecesse estar, no corpo, não se pode ter certeza se de fato você está, porque sua mente pode estar vagando sem que percebamos. Portanto, qualquer coisa que esteja acontecendo aqui não seria percebida. Pois seria como um sonho vago que vai e vem e nada acontece de fato[82].

O que estamos tentando fazer nesse trabalho é desenvolver uma visão da parte posterior da cabeça. Fazemos isso repousando essa parte no solo e, tentando seguir a respiração à medida em que ela percorre a parte posterior do nosso corpo, começamos a ter um campo de visão mais amplo que olha "para trás". Um benefício adicional é que os nossos olhos conseguirão descansar. Nesse trabalho, estabelecemos uma relação entre os aspectos consciente e inconsciente da vida. Assim sendo, o que queremos dizer em relação ao termo negligenciar a coluna é que isso se torna perigoso somente pelo fato de ela ser negligenciada. Jung nos lembra:

> Seria errado, porém, considerarmos somente o lado desfavorável do inconsciente. Em todo o caso, o inconsciente é desfavorável ou perigoso só porque não formamos uma unidade com ele e portanto estamos em oposição a ele. Uma atitude negativa em relação ao inconsciente, ou separar-se dele, é prejudicial se considerarmos que a dinâmica do inconsciente é idêntica à energia instintiva. Desligar-se do inconsciente é sinônimo de perder os instintos e as origens[83].

Quando não estamos ligados a nossas raízes podemos adoecer ou ter sérios problemas de ordem psíquica, como uma insuportável ansiedade ou medo.

Estou-me concentrando aqui no centro do corpo que

---

[82] *The Visions Seminars*, p. 1316.
[83] *Two Essays on Analytical Psychology*, o. r. 7, par. 195.

foi designado como *hara*, a saber, a região que comumente chamamos de ventre. Contudo, existem outros centros no corpo que também merecem atenção, como o chacra cardíaco[84]. Considero o chacra ventral o mais útil para se focalizar, uma vez que é na barriga, nos recessos mais profundos de nosso corpo, no chacra *muladhara*, que nos conseguimos estabelecer no mundo[85]. A linha da gravidade passa pelo centro da cabeça e desce pela parte posterior dos joelhos e tornozelos. É possível calcular que o centro da gravidade seja dentro do quadril, acima do sacro, na verdade, na altura da quinta vértebra lombar (a última vértebra da coluna antes do sacro). Em outras palavras, o centro da gravidade é uma linha que vai do centro do ventre até a parte acima do sacro (Figura 7). A gravidade nos põe em contato com a coluna.

Tudo no mundo tem seu próprio centro, aquele ponto em que o sagrado se manifesta em sua totalidade. Muitos autores consideram que a criação do homem ocorreu no centro do mundo. Dizem que Deus recolheu pó dos quatro cantos do mundo e o reuniu no centro da terra, onde criou o primeiro homem, Adão[86]. O Paraíso era o "umbigo da terra". De acordo com a tradição mesopotâmica, o homem foi criado a partir do umbigo, onde existe a "ligação entre céu e terra"[87]. A criação sempre ocorre no centro.

---

[84] *Chakra* é uma palavra do sânscrito que significa roda ou disco. Um chacra é um ponto de interseção entre vários planos frequentemente descrito como um vórtice giratório parecido com uma roda. Eles também são chamados de lótus, simbolizando o desdobramento das pétalas da flor que metaforicamente descreve a abertura do chacra. Assim como a flor de lótus, os chacras têm "pétalas" que simbolizam um caminho de desenvolvimento de algo primitivo para a evolução de uma consciência superior.

[85] O chacra *muladhara* é discutido mais adiante, no capítulo 6.

[86] Zornberg, *Genesis: The Beginning of Desire*, p. 16.

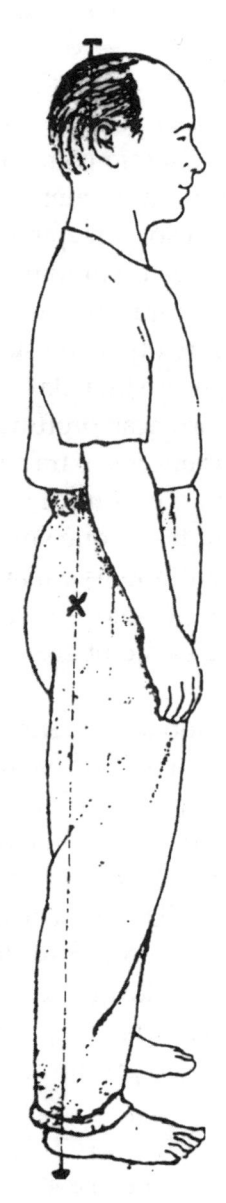

Figura 7. Em pé com a força da gravidade.

Uma lenda contida no Midrash especifica que Adão foi criado na cidade de Jerusalém e que foi enterrado no mesmo local, em Jerusalém — o centro do mundo[88].

Retomando a questão da inspiração e expiração, estamos tentando pôr nosso peso no solo para que o sacro tenha cada vez mais contato com ele a cada respiração. Não é possível nenhum movimento ou mudança sem a consciência da respiração. A respiração é o agente transformador. Uma tentativa de mudar a estrutura do corpo sem consciência da respiração só poderá resultar em um tipo de força, uma força que só está relacionada com a força de vontade e que, no final das contas, não tem nada a ver com uma transformação profunda. A cada expiração, trazemos mais e mais energia para a região do sacro, que começa a se aquecer ao permitirmos que a respiração se aprofunde. Calor é nutrição que vem da mãe positiva, e, à medida que se adentra mais e mais no sacro, a coluna começa a se entregar ao solo, e então a pessoa se sente segura pelo solo que está embaixo dela, pela terra, pela Grande Mãe.

Conforme mencionado anteriormente, a respiração ventral é dirigida para a base da coluna. É surpreendente quando aprendemos que a verdadeira profundidade da coluna é de aproximadamente metade da distância entre a parte da frente e de trás do corpo. Tento ajudar meus alunos de ioga a visualizarem a respiração atingindo a parte frontal da coluna no centro do corpo no final da exalação. Porém, trata-se de um processo bastante gradual, e requer tempo e paciência até que a respiração atinja o corpo em um sentido tão profundo.

---
[87] Mircea Eliade, *Images and Symbols*, pp. 43 e seguintes.
[88] Ib.

June começou a experimentar um ponto central em seu corpo depois da primeira sessão de ioga que fizemos juntas. Naquela noite, ela teve o seguinte sonho:

> Alguém me deu insetos diferentes — besouros e aranhas. Eu não senti medo. Eram pequenos. Eu os cobri com um cesto plástico azul para que não fugissem. Fiquei confusa por não saber por que alguém me daria insetos, mas de alguma forma, eu sabia que devia cuidar deles.

Nesse contexto, os insetos significam elementos básicos dissociados. June, na verdade, esteve bastante dissociada, especialmente de seu próprio corpo. Nessa representação, ela conseguiu reunir os elementos que estavam dissociados para iniciar a tarefa de unificação do que se havia fragmentado anteriormente.

Algo havia sofrido uma mudança profunda. Através do trabalho corporal, June começava a se aproximar do problema de cuidar dos insetos de uma forma dedicada e consciente. Como eles existem apenas em um sentido puramente instintivo, seu sonho foi um excelente indicativo para que ela começasse a se relacionar com o lado instintivo, com seu corpo. Os dois lados do espectro chegavam a um ponto de equilíbrio. June associava o cesto plástico a um vermelho que ela adorava e usava quando criança em suas aulas de balé. No entanto, dessa vez o cesto era azul, sugerindo uma ligação com o mundo do espírito. Aqui o espírito contém a vida instintiva crua. Estar com insetos significa estar em contato com algo muito simples, com o princípio da vida, e também com algo muito profundo no inconsciente. O cesto oferece o recipiente para a dissociação. O balé também é um tipo de trabalho corporal que envolve a coluna.

A energia se reúne lentamente no sacro a cada exalação à medida que o corpo se acomoda no solo.

A respiração continua abrindo e soltando o sacro bem como os músculos e ossos que o cercam. A palavra *sacro* deriva da palavra *sacer* que em latim quer dizer "santo" ou "sagrado". O centro da gravidade fica no topo do sacro, que assim o torna o foco de nossa relação com o solo, o corpo, e com nossa realidade humana. *Hara* é onde se assenta toda a vida psíquica e instintiva:

> *Hara* significa, para os japoneses, tudo aquilo que eles consideram essencial para o caráter e destino do homem. *Hara* é o centro do corpo humano — mas o corpo, por ser um corpo humano, é mais do que uma entidade biofisiológica. É ao mesmo tempo o centro em um sentido espiritual ou, para ser mais preciso, em um sentido espiritual conferido naturalmente[89].

Hara, portanto, representa o centro, o centro sempre implicando algo sagrado, a área de realidade absoluta.

Trazer energia para o sacro é algo que nos liga à realidade arquetípica da eternidade. Lembramos que o sacro consiste de cinco ossos fundidos que formam uma estrutura forte e curva que dá suporte à coluna. O fato de o sacro ser formado por cinco ossos não é coincidência alguma. Cinco significa o número do ser humano; temos cinco sentidos, cinco dedos nas mãos e cinco nos pés. O número cinco, portanto, representa a totalidade de uma forma concreta, material, corporal.

O chamado Axioma de Maria esclarece ainda mais o significado do número cinco:

> Um se torna dois, dois se torna três, e do três surge o quarto[90].

---

[89] Karl von Durkheim, *Hara: The Vital Center of Man*, p. 49.
[90] Citado em "Introduction to the Religious and Psychological Problems of Alchemy", *Psychology and Alchemy*, o. r. 12, par. 26.

Se considerarmos o movimento de dois para três (um não é considerado um número, já que nada o precede e, portanto, não "conta"), notaremos que o três surge da resolução do conflito que reside no número dois. Três, portanto, representa uma unidade, *um*, por assim dizer, que deriva do número dois. O três, na verdade, nos leva outra vez ao número primitivo, ao número um. Na verdade, todos os números nos levarão de volta ao um. Portanto, duas coisas acontecem simultaneamente: os números progridem do um ao infinito e ao mesmo tempo estão ocorrendo de uma forma retrógrada, sempre nos levando de volta ao um. Assim, o número três, que já identificamos como número unitário, torna-se o quatro. O número quatro, portanto, não se origina por progressão do número três, mas sempre existiu[91]. A relação do quatro com o um é descrita em um desenho dos índios Navaho (Figura 8).

Na figura há quatro cabeças, portanto, quatro deusas. No entanto, se observarmos cuidadosamente, veremos que a série de fato começa com a saia da quarta deusa, tornando a primeira e a quarta uma só, e envolvendo as outras três figuras. O um original é como o número quatro. O quatro nos devolve à unidade, ao *unus mundus*[92].

A progressão do quatro ao cinco acontece de uma forma semelhante: o cinco representa a unidade existente no número quatro. Na China, o número cinco tem o mesmo significado que o número quatro na cultura ocidental, já que o cinco lá é tido como o centro do quatro. O cinco é a *quinta essentia*, a essência, o núcleo no centro do quatro[93].

• •
• •

---

[91] Consultar Marie-Louise von Franz, *Number and Time*, p. 64.
[92] Ib., p. 130.
[93] Ib., pp. 120 e 121.

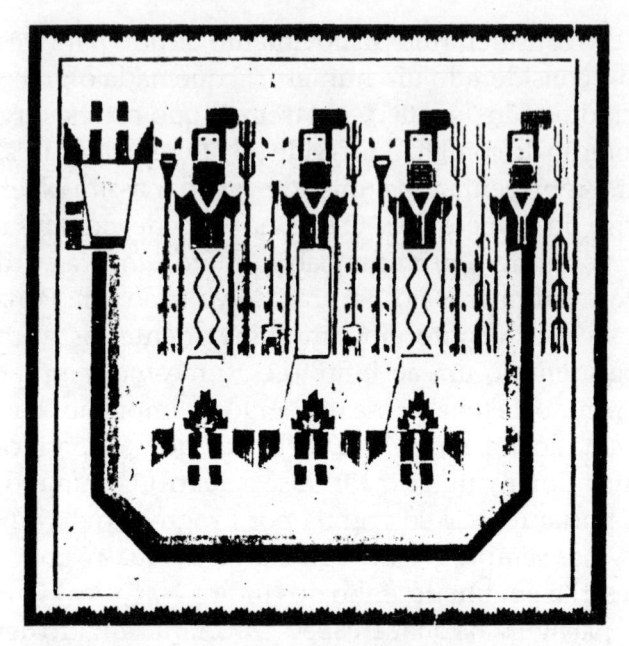

Figura 8. Telha artesanal dos índios Navaho.

O cinco é o ponto em que o quatro se torna realidade; o cinco é o número do homem natural, não do homem ideal. A natureza não omite o aspecto corporal do número cinco. Rupescissa, um alquimista judeu do século 14, escreveu sobre a *quinta essentia* como a ligação entre o mundo humano e o divino:

> Essa quinta-essência é o céu humano que o Altíssimo criou para a conservação das quatro qualidades do corpo humano, assim como [Ele criou] o céu para a conservação de todo o universo[94].

Dentro do círculo da totalidade há um ponto central de consciência, o número cinco como centro da totalidade do quatro, cinco como o ego, o centro da consciência; o

---
[94] Citado em Patai, *The Jewish Alchemists*, p. 205.

ego no centro confere realidade ao quatro irracional. O cinco, que personifica o ser humano, representa a terra em todos os seus aspectos (Figura 9). Como afirma Jung,

> A terra ocupa a posição central como o quinto elemento, embora não seja a quinta-essência e meta do trabalho mas sua base, correspondente à terra como substância enigmática na alquimia ocidental[95].

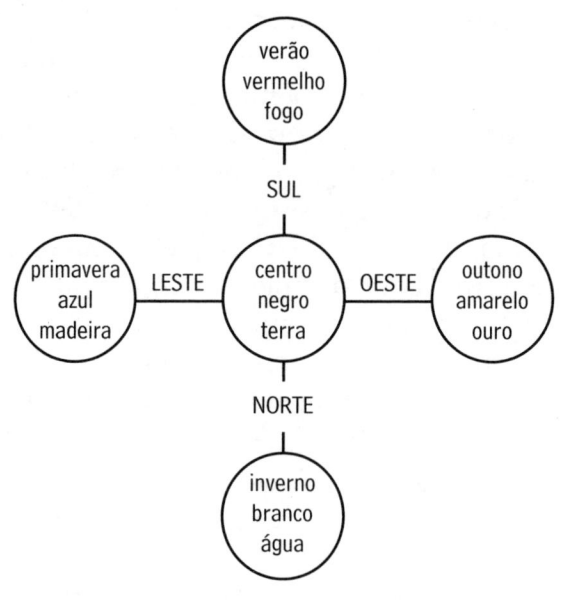

```
              verão
              vermelho
              fogo
                |
               SUL
                |
  primavera         centro         outono
  azul     LESTE—  negro  —OESTE   amarelo
  madeira           terra          ouro
                |
              NORTE
                |
              inverno
              branco
              água
```

Figura 9. Terra no centro como quinto elemento.

Quando chegamos ao centro, atingimos o eterno interior. A energia dentro desse ponto central se manifesta no impulso arquetípico de tornar-se um, aquilo que a Natureza destina esse um a se tornar. Tudo o que está presente nesse centro Jung chamava de Self, a totalidade de tudo o que existe na mente. Essa totalidade inclui o mundo

---

[95] "The Personification of the Opposites", *Mysterium Coniunctionis*, o. r. 14, par. 249.

consciente, a inconsciência pessoal, e o inconsciente coletivo que envolve o mundo arquetípico indestrutível, universal.

O sacro como osso sagrado ou "santo", como o chamamos, é o centro do corpo divino. O centro da gravidade fica em seu ápice; o sacro forma a base da longa estrutura curva nas costas, a coluna. A primeira coisa que a humanidade desenhou na Antiguidade foi uma linha reta ligando a terra ao céu. Essa linha tornou-se o ponto central de orientação para eles. Para os hindus, essa linha mais tarde tornou-se a ideia de uma montanha contendo o eixo em torno do qual o mundo gira, paradoxalmente imóvel mas em constante movimento. As montanhas são consideradas o local onde o céu e a terra se unem em um ponto central, pelo qual viaja o *axis mundi*, o pilar que sustenta o mundo.

Deus, como centro do universo, criou o homem à sua semelhança, e o homem, enquanto microcosmo, representa o centro do mundo, contendo tudo em si mesmo. O interno e o externo coletivamente formam a totalidade:

> O homem deve ser considerado um pequeno mundo, e em todos os aspectos deve ser comparado ao mundo. Os ossos sob sua pele são comparáveis às montanhas, pois fortalecem o corpo, assim como a terra é fortalecida pelas rochas, e a carne comparada à terra, e os grandes vasos sanguíneos aos grandes rios. A bexiga é o oceano, para onde os grandes e pequenos rios correm. O cabelo é comparável às plantas, as unhas das mãos e pés e o que mais apontarmos dentro ou fora do homem, tudo está de acordo com sua espécie se compararmos ao mundo[96].

O homem, enquanto microcosmo, está ilustrado na Figura 10, onde vemos o deus hindu Krsna personificando

---

[96] "The Visions of Zosimos", *Alchemical Studies*, o. r. 13, par. 122.

A COLUNA COMO EIXO ENTRE O CÉU E A TERRA ♦ 89

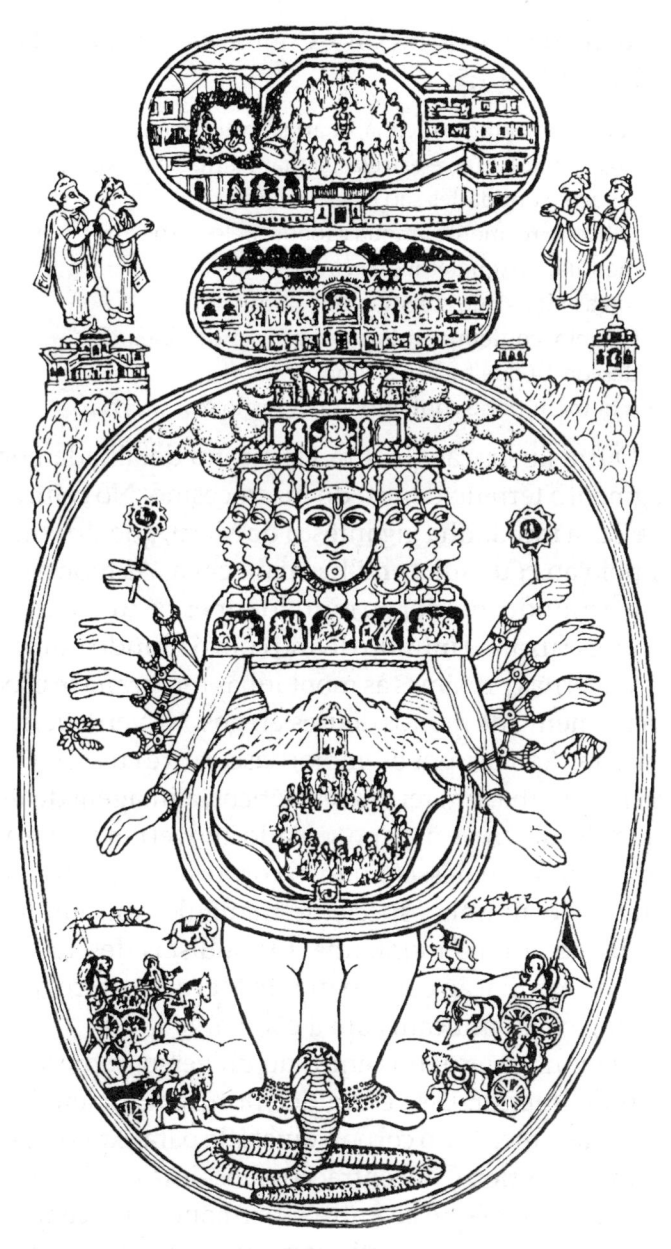

Figura 10. O Krsna cósmico, mostrando a terra (na região do estômago) e o céu na parte de cima, ambos com suas danças circulares (terrenas e eternas).

todo o universo nele mesmo. Conforme escrito no Taittiriya Upanishad 1:7:

> Terra, céu, mundos acima, quartas partes e suas metades;
> fogo, ar, Sol, Lua, e estrelas; água, plantas e árvores,
> espaço e entidades são os elementos.
> Olho, carro, mente, língua e toque; pele, carne, músculo,
> medula, e esqueleto; e as cinco
> forças vitais que constituem o corpo.
> O sábio, contemplando esses grupos de cinco,
> descobriu que tudo é sagrado.
> o homem pode contemplar o interno e o externo.

Outra ilustração (Figura 11) mostra detalhadamente o segmento terreno dentro do macrocosmo. No centro da terra fica a montanha gigantesca de Meru, que dizem que dá apoio ao céu muitas milhas para cima. As montanhas ligam o mundo inferior ao mundo superior, unem o céu e a terra, e cruzam o mundo divino com o mundo humano.

Cavernas próximas às montanhas tornaram-se o local de nascimento de muitos deuses gregos. Na verdade, muitos heróis; Aquiles, por exemplo; nasceram e cresceram em uma montanha. Em termos esotéricos, a imagem de uma montanha descreve o corpo sentado imóvel em posição de meditação. Visto desse modo, o corpo se parece com um triângulo, com uma espécie de triângulo com um topo, semelhante a uma montanha. Os budistas descrevem o corpo na meditação como o monte Meru, o centro de seu mundo, e o identificam com a coluna.

O monte Meru, no centro do universo, representa a quietude interior. Esse é um dos principais objetivos do ioga: levar a mente e o corpo à quietude para experimentar o mundo interior. Concentração e absoluta disciplina são necessárias para que se entre e permaneça no centro. O inconsciente se move continuamente de maneira circular e, à medida que o centro se aproxima, torna-se mais e mais

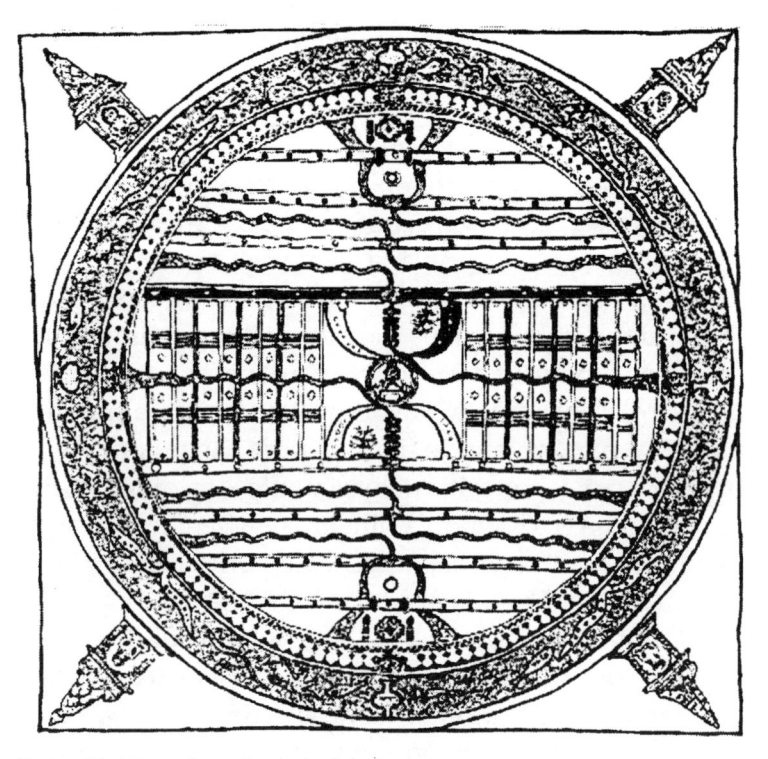

Figura 11. Mapa da parte central da terra.

distinto. De forma milagrosa, o centro age como uma espécie de ímã em relação ao material incompatível e caótico que o cerca, aproximando gradualmente esses conteúdos para que uma imagem do homem possa abrir caminho em meio ao caos que se apresenta. É como se o centro fosse fertilizado pelos conteúdos criativos do inconsciente. Dessa forma, a criatividade se manifesta. Incrivelmente, um tipo de círculo místico se forma em torno do centro, ao redor do centro que chamamos de *Self*, servindo como proteção do mundo externo, e permitindo que o que está dentro se intensifique ainda mais. No ioga tântrico, estima-se que a mais alta realização seja a produção desse centro, que, quando concentrado voluntariamente, fortalece aquilo que o contém por vontade própria.

A imagem de quietude completa é ilustrada pelo hexagrama 52 do *I Ching*, "*Quietude, A Montanha*". No trigrama superior encontramos o princípio masculino em movimento ascendente, e, no inferior, um trigrama idêntico, encontramos o princípio feminino em movimento descendente. Ambos os movimentos são iguais, o que significa que não há mais movimento, tudo atingiu um estado de repouso constante. Na verdade, há uma divisão no meio do hexagrama que permite ao trigrama superior mover-se para cima, e ao inferior, para baixo. A rigidez é superada ao se permitir o surgimento dos opostos. Em seu comentário, Richard Wilhelm acrescenta: "Possivelmente as palavras do texto englobam orientações para a prática do ioga"[97].

Em diversos escritos do Hatha ioga, a coluna, como eixo em torno do qual circulam as energias do corpo, é comparada a uma montanha no macrocosmo. *Tadasana*, em sânscrito, se traduz por "montanha" e corresponde ao nome da posição básica (sentado) no ioga. Essa é a posição mais simples, porém a mais difícil de se fazer corretamente. A capacidade de ficar absolutamente ereto ao se preservar a estabilidade interior é a meta de todas as posições que adotamos. *Tadasana*, ou *tad-asana*, significa posição da montanha, tendo origem na palavra *asana*, que por sua vez significa "ficar", "ser" ou "sentar". *Asana* por si se traduz como "postura", o que significa que nos esforçamos para "ficar" em uma posição; em outras palavras, idealmente nos aproximaríamos de cada posição com uma firmeza e segurança vindas de um ponto profundo dentro de nós que se liga ao essencial. Ao tentarmos parar

---

[97] *The I Ching or Book of Changes*, p. 201.

de "fazer" as posições, o momento extático de verdadeira quietude surgirá.

Mircea Eliade afirma explicitamente que, para atingir a quietude definitiva, as *asanas* devem ser feitas em concentração absoluta:

> No plano do "corpo", *asana* é uma *ekagrata*, concentração em um único ponto; o corpo fica "tensionado", concentrado em uma única posição. Assim como a *ekagrata* põe fim à flutuação e dispersão dos estados de consciência, as *asanas* põem fim à mobilidade e disponibilidade do corpo, reduzindo a infinidade de posições possíveis a uma postura única e iconográfica. Logo devemos ver que a tendência em direção à "unificação" e à "plenificação" é uma característica de todas as técnicas iogues[98].

Na *tadasana*, permanecemos como uma montanha, em outras palavras, com uma enorme base firme abaixo dos nossos pés. Ao mesmo tempo, na parte superior do corpo nos esforçamos para obter um sentimento de expansão, enquanto mantemos constantemente uma posição de total quietude. A montanha simboliza a estabilidade e a cessação do movimento que é o início e o final de todos os nossos movimentos, já que a *prima materia* é o ponto inicial bem como a meta final. Na verdade, todas as outras *asanas* que fazemos são uma variação da *tadasana*. O corpo em si é suficientemente instável e existe um esforço constante para o equilíbrio entre suas partes. Na *tadasana* vivenciamos isso em seu grau mais completo.

Na *tadasana* nos enraizamos no solo. Na verdade, criamos raízes abaixo do solo em que estamos; ultrapassamos o chão indo até a terra abaixo, e continuamos desenvolvendo nossas raízes até que elas encontrem o centro

---

[98] *Yoga, The Technology of Ecstasy*, p. 54.

da terra. Quanto mais profundamente formos, maior a descida ao inconsciente. Muitos de nós estamos desligados de uma força vital capaz de nos sustentar em momentos de escuridão e caos. Essa força, ou o que um alquimista chamou de "fogo global", se encontra no centro da terra. Pois com a escuridão que está embaixo virá a luz que está em cima. Quando nos ligamos a esse ponto sagrado no centro da terra, pode ocorrer a cura verdadeira. É o centro da terra que contém os arquétipos, o núcleo central onde a cura pode tornar-se possível.

Ficamos instáveis por diversas razões. Atualmente parece que estamos sem raízes, sem uma ligação genuína com nossas origens, com o lugar em que estamos no momento, e com o local para onde iremos no futuro. Permitirmo-nos uma ligação com as origens profundamente arraigadas que existiam milhares de anos antes de nós é algo capaz de trazer a cura em um nível místico e profundo.

Na verdade nossas raízes saem da cintura para baixo, permitindo que a força da gravidade atue sobre nós. É como se um ímã estivesse nos puxando para o chão. O mundo dos arquétipos é magnético; ele nos atrai com grande força, no entanto devemos resistir a isso para evitar o desequilíbrio ou, na pior das hipóteses, psicoses. Ele é semelhante à força da gravidade, o poder que nos puxa em direção à terra, que é equilibrado por uma equivalente resistência à gravidade, uma força na direção oposta. A gravidade é contrabalançada pela tendência das coisas vivas a se expandirem e crescerem em direção ao Sol. Quando uma grande quantidade de energia se manifesta de um lado, em algum ponto a energia deve transformar-se em seu oposto. Assim, à medida que exercemos pressão para baixo, haverá um empurrão oposto equivalente. É crucial que possamos insistir em criar raízes pelos calcanhares, e não simplesmente deixarmos nossos pés e prosseguirmos rumo ao que está acima, mas que possamos manter a ligação com o que está embaixo ao mesmo tempo em que nossos corpos se alongam em direção ao céu. Não existe força que aja sozinha. Nossos próprios músculos precisam contrabalançar uns aos outros para gerar movimento.

Portanto, descobrimos no corpo que uma força descendente sempre concorda com a força gravitacional enquanto ao mesmo tempo uma oposição à força da gravidade nos permite ficar em pé sobre o solo. O corpo adora o sentimento de energia que percorre seus membros, ansiando por mais e mais extensão. Quanto mais próximos estivermos do centro, menos energia gastaremos para mantermos o equilíbrio, deixando assim o máximo possível de energia para que ocorra a cura. O que importa é quanta energia temos a nosso dispor, já que sem ela haveria inércia. Gradualmente, se a *tadasana* for mantida corretamente, desenvolve-se toda uma nova atitude corporal, trazendo maior energia global na reconciliação desses opostos universais. Haverá então uma tranquilidade, que é o real significado de "montanha".

Quando descemos, por assim dizer, começamos a entrar no âmbito do inconsciente coletivo, em um nível bastante arcaico em que a natureza existe em sua forma mais pura. Lá encontramos esperança por uma vida renovada. Jung afirma:

> Descer ao nível coletivo sempre significa voltar no tempo... Pode-se dizer que se trata de um progresso regressivo, mas, quanto mais ela [Christiana Morgan] volta no tempo, mais tempo vem a seu encontro. É como se ela se aproximasse de um espelho, e, quanto mais se aproxima, mais próxima fica da imagem do espelho[99].

Quando nos aproximamos de nosso passado distante,

---
[99] *The Visions Seminars*, pp. 59 e seguintes.

tocamos não só o inconsciente coletivo mas também nossos princípios pessoais. Estamos tocando todas as vidas incompletas que vieram antes de nós e as redimindo, as vivendo, por assim dizer, preparando desse modo o caminho adiante para a geração seguinte. Quanto mais descemos, mais a coluna pode prolongar-se, e mais nossa coluna se alinhará ao *axis mundi*, o centro da terra. O alinhamento adequado é sempre um equilíbrio entre atividade muscular suficiente para criar a posição vertical e relaxamento suficiente para essa posição ficar o mais livre possível de qualquer esforço. Chegamos então à relação com o positivo, apreciando a Grande Mãe que irá ressoar nas camadas mais profundas das células de nosso corpo. Através da relação com esse arquétipo, descobrimos o milagre da criatividade.

Tadasana implica a separação dos opostos em um mundo desordenado. Nas etapas iniciais do trabalho corporal, especificamente no trabalho com a coluna, geralmente se encontra uma bagunça caótica que pode manifestar-se de diversas formas. Por exemplo, um corpo que pode parecer flexível e maleável na realidade pode ter muitas partes tensas e inflexíveis, enquanto paradoxalmente um corpo tenso pode ser capaz de fazer "mais" no início, sendo sustentado por sua própria rigidez. Normalmente encontramos colunas encolhidas pelo estresse bem como pelo processo natural de envelhecimento. Consequentemente, a estrutura da coluna não flui de modo apropriado quando em movimento. O alongamento da coluna é uma das maneiras mais importantes de criar um "corpo imortal", capaz de resistir ao cansaço, à inflexibilidade e ao encurtamento que vêm com o tempo. Nesse caso "encurtamento" geralmente inclui uma baixa autoestima, trazida em parte pelas mudanças físicas no corpo em si e em parte pelo sentimento que muitas pessoas têm de que não viveram, uma espécie de ressentimento do corpo por se tornarem menos capazes à medida que os anos passam. O trabalho de alongar constantemente a coluna traz uma sensação tremenda de estar vivo.

A sensação de estar vivo está profundamente relacionada à força vital. Nancy veio para a análise sabendo que havia algo errado em sua vida, mas ela não tinha ideia do que podia ser. Sua família era isenta de sentimentos. Um medo paralisante havia tomado conta de sua vida. Depois de três anos de análise, Nancy sonhou:

> Um homem, uma espécie de guru ou outra autoridade que não tenho bem certeza de qual era, está sentado sobre meu pescoço. Estou de joelhos ou sentada, e minha cabeça está entre as pernas dele. Sinto seu peso sobre mim com tanta força que meus movimentos ficam quase totalmente restritos. Acordo com dor nos ombros e no pescoço.
> Uma mulher vem e pressiona uma vértebra localizada na base da minha coluna dizendo: "Precisamos alongar a coluna." Mas o homem diz: "não, devemos curvá-la." Ela repete: "Alongar."

Sob uma terrível e paralisante possessão do animus, Nancy começa a encontrar sua ligação com o feminino. Na verdade, ela está bastante dobrada, sofrendo com um início de osteoporose aos trinta e oito anos apenas. Ela foi mesmo oprimida pela vida, a constante pressão para atender às expectativas alheias. O fluxo da vida, que num curso natural de acontecimentos se movimentaria pela coluna, sofreu uma inibição por um grande medo de contato com sua vida instintiva e tudo o que a ela se relaciona, sentimentos reprimidos de raiva e aflição. A simples possibilidade desse contato a aproximou de um medo primitivo de destruição.

Em linguagem corporal, podemos pensar nesse potencial de experimentar a vida que repousa na própria coluna, a coluna vertebral da vida. Nancy gradualmente conseguiu cuidar da coluna em nossas sessões e está descobrindo o movimento e espontaneidade pela primeira vez. No sonho descrito anteriormente, começamos a ver a transformação incorporada pela sombra feminina que a distancia das projeções de um animus endeusado que atrapalha sua vida. Esse sonho ilustra como a possessão pelo animus negativo pode levar a problemas no corpo de uma mulher e que o feminino é que deverá resgatá-la. Marie-Louise von Franz costumava dizer que, quando sentia dores no pescoço e ombros, sabia que tinha estado em companhia do animus[100].

Quando a coluna se alonga em seu estado natural, o eixo entre céu e terra se forma. Uma lenda presente no Talmud diz que, embora os céus e a terra contenham elementos totalmente diferentes, eles foram criados como uma unidade, "como a panela e a tampa". O único ato distinto de separação durante a criação ocorreu no segundo dia quando as águas de cima se separaram das águas de baixo. Foi no segundo dia que Deus deixou de dizer que tudo era bom. A separação acarreta sofrimento, já que os opostos se distanciam. Diz-se que todos os outros atos da criação foram unificantes[101]. É como se nos encontrássemos no início do trabalho, de volta ao caos das águas do início dos tempos, ao *nigredo*, antes da criação da consciência. Ao sermos superados por tal desordem e confusão, somos incapazes de permanecer em pé ou nos movermos adiante, e acabamos sendo levados de volta ao caos. Diante disso, o superior deve ser separado do

---

[100] Agradeço ao Dr. Hermann Strobel por esse relato.
[101] Louis Ginzberg, *Legends of the Bible*, pp. 3 e seguintes.

inferior. A divisão em dois é essencial para trazer o potencial para a realidade; devemos trazer o assunto para a consciência.

Jung descreve a condição de *unio mentalis* quando alguém se distancia do próprio corpo para gerar *insights* objetivos, mas é na *unio corporalis* que conseguimos obter esses *insights* e onde encontramos o corpo sutil em sua ressonância gloriosa. Como diz Jung: "Sua realidade é meramente potencial, e validada apenas pela união com o mundo físico"[102].

A coluna pode ser considerada dividida em duas partes distintas para trazer o corpo à consciência. O método pode ser descrito do seguinte modo: Ao permanecermos na *tadasana*, sentimos o peso do corpo sendo empurrado pela força da gravidade. O peso deveria ser colocado da forma mais uniforme possível sobre ambos os pés, de modo que, imaginariamente, se pudesse pintar as solas dos pés com tinta preta e, ao mover-se do local em que estava, permaneceriam ali duas pegadas bem uniformes. É claro que se trata de uma imagem idealizada, no entanto continua sendo importante fixar essa imagem interiormente enquanto se apoiam com firmeza ambos os pés. Segundo o Talmud, mesmo depois que se encerram as orações, se a pessoa não tiver movimentado os pés, continuará sob a presença de Deus.

Ao expirarmos, nos esvaziamos até os calcanhares. Cada *asana* tem sua raiz específica que desce à terra e nos prende a ela com firmeza; quando estamos em pé essas raízes tornam-se nossos calcanhares. Devemos lembrar que estamos tentando nos religar ao centro da terra através da respiração que desce até os calcanhares. Quando penetramos a terra, entramos no corpo, o local sagrado

---

[102] "The Conjunction", *Mysterium Coniunctionis*, o. r. 14, par. 664.

em que Deus está conosco. Se não tivermos medo da vida, conseguiremos ficar em pé sobre os calcanhares sem o medo de cair para trás. Saberemos que Deus está sempre atrás de nós pela relação com o inconsciente.

Quanto mais conseguirmos essa respiração, mais o corpo superior estará livre para se estender e se soltar. A coluna de fato se divide para possibilitar isso. Lembramos da história de Phan-Ku, que separou a terra e o céu por trinta mil milhas para criar espaço para si[103]. A criação do espaço é o que permite que algo novo aconteça. É fundamental que nossos calcanhares se tornem nossa âncora, que depois permitirá que a coluna se alongue desde sua raiz, o sacro. Vanda Scaravelli chamou esse movimento de uma "onda", e, em uma entrevista com Esther Myers e Kim Echlin, explicou como a força natural da gravidade leva à "onda" na coluna:

> Este fato está relacionado com a forma como a coluna se move desde os calcanhares até o topo da cabeça com a gravidade. Você deixa o corpo afundar, afundar, afundar, e a parte superior se torna luz. Quanto mais você afundar, mais a parte superior se tornará luz, e há uma onda belíssima no corpo, e o corpo se movimenta com a onda. A onda em direção ao solo permite que a gravidade percorra a coluna, e a energia sobe até a parte superior da cabeça. O corpo é empurrado para baixo, e da cintura para cima se manifesta numa maneira maravilhosa de sentir, de comportar-se, movimentar-se. Isso gera senso de autoridade, de liberdade, de beleza[104].

A coluna se divide na altura da cintura. A luta a favor da consciência traz a separação dos opostos. Colocado de forma simples, da cintura para baixo o corpo é empurrado

---

[103] Veja p. 18 desta obra.
[104] "Awakening the Spine", *Yoga Journal*, junho de 1996, pp. 70 e 71.

para baixo pela gravidade, e da cintura para cima o corpo se alonga e estende-se em direção ao céu. Porém, ao fazermos uma cuidadosa investigação anatômica, descobrimos que a coluna na verdade não se divide no sacro, mas na quinta vértebra lombar, a vértebra que fica logo acima e se liga ao sacro (Figura 12).

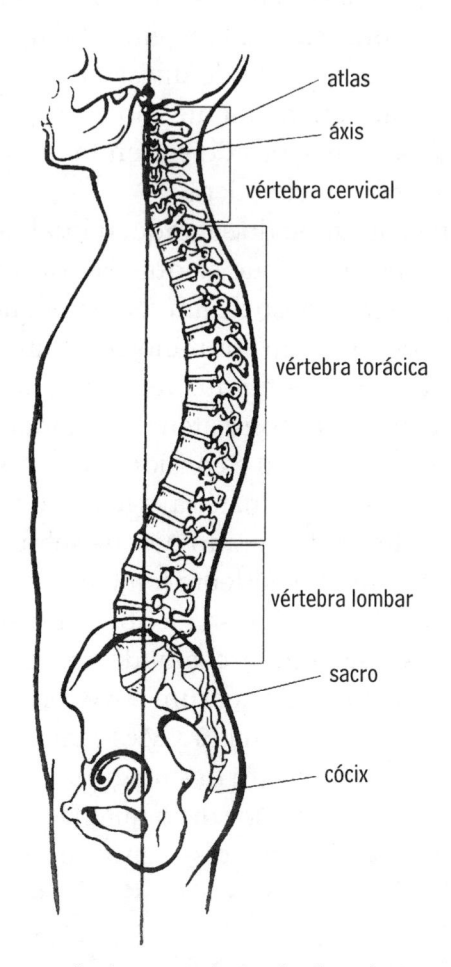

Figura 12. A coluna vertebral consiste de 24 vértebras distintas, a vértebra composta, o sacro e o cócix.

Aqui novamente está o número cinco, a *quinta essentia*. Há cinco vértebras lombares que ficam acima do sacro, que, se lembrarmos, também é formado por cinco vértebras que compõem uma unidade. A energia parece concentrar-se especificamente na área dessa última, da quinta vértebra lombar. L5 é o ponto na coluna que cruza a vigésima quarta vértebra e o sacro. Esse ponto exato que fica diretamente acima e também está ligado ao sacro é a *quinta essentia*, o ponto de divisão e transformação na coluna, e, consequentemente, no corpo inteiro, pois a coluna é nosso eixo, nos defendendo do que está atrás, assim como faz o inconsciente.

Estamos na zona do sagrado, o local de algo desconhecido e misterioso que se opõe ao caos e à morte. O sagrado contém o senso de um ser maior que existe separado e fora de si, algo "numinoso"[105], uma experiência mística. Documentos hindus relatam que algo se torna sagrado sempre que nossa atenção se dirige a ele de uma forma especial. O sacro é considerado o "osso santo" há séculos; assim como a matéria, age como transformador do mundo eterno. É sagrado porque sobre ele repousa o osso eterno, a quinta vértebra lombar.

Uma lenda no Midrash identifica um osso indestrutível na base da coluna chamado *luz*, em formato de amêndoa e em torno do qual um novo corpo será formado durante a ressurreição na Era Messiânica. Acreditava-se que esse osso sobrevivia à desintegração do corpo após o enterro, a única parte do corpo que não se desintegrava com o tempo. Evidências disso encontram-se no Vayikra Rabbah 18:1:

---

[105] Numinosidade, termo criado pelo teólogo alemão Rudolph Otto, caracterizado por um sentimento de onda, fascinação e mistério.

Como prova, o rabino Yehoshua colocou um "luz" na água, e ele não se dissolveu; passou pela mó, mas ele não foi moído; expôs ao fogo, e ele não foi incinerado; colocou entre a bigorna e o martelo, a bigorna foi achatada e o martelo rachou, mas o "luz" permaneceu ileso[106].

Durante a ressurreição, o agente reanimador será o orvalho feito da luz que estava presente quando Deus criou o mundo, mas que se ocultou desde então. Dizem que mesmo os corpos que se decompuseram serão reconstruídos a partir do osso *luz* da coluna. Lendas contam que aqueles que se curvam a Deus garantem um corpo ressuscitado porque estimulam o osso *luz* quando se curvam em oração.

O orvalho é transformador, vital para a existência; sua ausência promove a seca, sua presença é questão de vida e morte para os fazendeiros. No Zohar lemos que "o orvalho desperta os mortos e é o alimento do sagrado"[107]. Conta que o maná que apareceu no deserto depois da saída do Egito estava coberto acima e abaixo com orvalho branco. Foi o orvalho que milagrosamente reanimou os israelitas quando morreram de medo no Monte Sinai depois de ouvirem a voz de Deus[108]. O orvalho purifica e vivifica o corpo, permitindo que ele receba a alma, que, ao descer do céu para a encarnação, parece idêntica ao orvalho que também vem do céu. As lágrimas que Ísis derramou enquanto reunia os membros de Osíris que ficaram espalhados foram o agente transformador que devolveu a vida a seu amado.

---

[106] Avraham Yaakov Finkel, *In My Flesh I See God*, p. 179.
[107] Citado em "The Conjunction", *Mysterium Coniunctionis*, o. r. 14, par. 701n.
[108] Alan Unterman, *Dictionary of Jewish Lore and Legend*, p. 62.

A umidade contida no orvalho é a água alquímica divina, o elixir da imortalidade. Nascemos do útero eterno que contém a água da vida. A água é o material básico da vida, a *prima materia,* de onde viemos e para onde devemos retornar. O potencial de transformação conferido à quinta vértebra lombar, o osso *luz,* é possível pela sua ligação com a água divina, o orvalho que desperta os mortos de seu sono e traz à consciência, pois, conforme Jung diz:

> O orvalho que cai sinaliza ressurreição e uma nova luz: a descida cada vez mais profunda ao inconsciente de repente torna-se iluminação vinda de cima. Pois, quando a alma desapareceu na morte, não se perdeu; naquele outro mundo, formou a contraparte viva ao estado de morte nesse mundo. Seu reaparecimento em cima já é indicado pela umidade do orvalho... enquanto o outro orvalho é sinônimo de "aqua permanens", o "aqua sapientiae", por sua vez, significa iluminação através da compreensão do significado[109].

À medida que seguimos adiante com esse trabalho, nos conscientizamos da energia que se intensifica e reúne nessa área relativamente pequena que se localiza acima do sacro. E à medida que nos aproximamos do nosso centro mais íntimo, torna-se possível uma renovação da personalidade. Esse centro funciona como recipiente, o vaso do renascimento que é continuamente fertilizado pela água celestial, o orvalho da transformação.

Luz é frequentemente chamado por outro nome — Jerusalém, denotando o centro do mundo e as cidades mais sagradas. Uma famosa passagem no Midrash Tanhima fala sobre o significado da cidade sagrada:

---

[109] "The Psychology of the Transference", *The Practice of Psychotherapy,* o. r. 16, par. 493.

Assim como o umbigo se encontra no centro de um ser humano, a terra de Israel se encontra no centro do mundo. Jerusalém fica no centro da terra de Israel, e o templo fica no centro de Jerusalém, o Sagrado dos Sagrados fica no centro do templo, a arca fica no centro do Sagrado dos Sagrados, e a Pedra Fundamental fica na frente da arca, local que é o princípio do mundo[110].

Na antiga Israel, essa pedra fundamental desempenhou o mesmo papel que a terra primordial no Egito: foi o primeiro material sólido a surgir das águas da criação; foi também sobre essa pedra que o mundo foi criado. Jung chamava Jerusalém de cidade branca, a cidade do esclarecimento, a terra prometida sobre a montanha de Meru[111]. O Midrash também conta que Adão, como *prima materia*, foi formado em Jerusalém, sendo Jerusalém o centro do mundo eterno e indestrutível. A consciência é criada no centro, onde os opostos se separam.

Vamos retomar a separação vertical da coluna em duas partes, superior e inferior. O superior, como céu, é representado pela coroa no topo da cabeça, enquanto a inferior, como terra, é incorporado pela parte inferior da coluna, o sacro, o chacra básico ou coccígeo. Na verdade nós não desmembramos a coluna em dois segmentos, inicialmente permitindo que funcionem de forma independente. O céu e a terra devem ser desmembrados para que um dia possam reunir-se de uma nova maneira, como uma nova luz nasce a partir da escuridão. Somente assim nossos sintomas neuróticos e nossa doença poderão abrir caminho para uma nova consciência que deve abraçar a psique e o *soma* como um todo.

---

[110] Citado em John Lundquist, *The Temple: Meeting Place of Heaven and Earth*, p. 7.
[111] *The Vision Seminars*, p. 721.

Outra forma de olhar para a separação da coluna é ver que as duas partes se encaixam de forma notável. Em seu comentário sobre a origem do livro sagrado chinês, *O segredo da flor de ouro*, Richard Wilhelm nos conta que o termo *"flor de ouro"* em chinês inclui a palavra "luz". É nosso dever trazer uma luz transformadora ao corpo. Ele explica ainda:

> Se escrevermos duas letras uma sobre a outra, de modo que se toquem, a parte inferior do caractere superior e a parte superior do caractere inferior formam o caractere "luz" (*kuang*)[112].

Em outras palavras, quando escritos em posição vertical, os dois caracteres se encaixam perfeitamente para criar uma nova palavra, "luz", igual ao funcionamento das duas partes separadas da coluna. As duas partes devem funcionar de maneira independente, mas cada uma é indispensável para o bom funcionamento da outra. A parte superior da coluna pode ser considerada mente ou espírito, a parte inferior instinto ou corpo, portanto mais próxima do plano terrestre. Temos aqui um exemplo de notável relação de reciprocidade, assim como temos na reciprocidade entre psique e *soma*.

Na "onda" descemos para subir. Parece simples, mas encontrar o chão é com frequência uma tarefa bastante difícil, especialmente em nossa cultura, onde perdemos a ligação com nossas origens. Em outras palavras, começamos a encontrar chão pela ligação de nossos pés com a terra. Renascemos ao encontrar esse chão. Conforme um hino da Rg Veda[113], os homens nasceram dos pés do

---

[112] *The Secret of the Golden Flower*, p. 9.
[113] Hinos na antiga tradição da filosofia indiana datados de aproximadamente 2500 a 600 a. C.
[114] Rg Veda x, 90, Sarvepalli Radhakrishnan e Charles A. Moore, eds., *A Sourcebook in Indian Philosophy*, p. 19.

deus Purusa[114]. É com nossos pés que temos nosso ponto de vista na vida. Assim nos conscientizamos do desejo e da essência do que estamos nos tornando na experiência de conhecer o chão firme. É possível que perguntem por que primeiro descemos para só então subirmos, em vez do contrário. Jung responde de forma simples:

> Podemos explicar uma casa não só do sótão para baixo, mas do alicerce para cima, e essa última opção oferece a vantagem de ser mais correta geneticamente falando, já que as casas são construídas a partir de baixo, e o começo de tudo é simples e cru[115].

A gravidade mantém os pés no chão, dando-nos a âncora que precisamos para viver no mundo. Para muitos de nós, essa âncora falta pelo fato de nossas mães também não terem uma ligação com seus corpos. Consequentemente, nossos corpos se desalinharam muito cedo. Aprendemos a compensar de várias formas, desalinhando vários aspectos. Isso frequentemente, sem intenção, causa ainda mais problemas à medida que nos distanciamos do eixo central projetado para nós pela natureza. Podemos nos reunir à terra e com a Grande Mãe em toda a sua glória magnífica:

> Portanto, esse anseio pela mãe também pode ser entendido em uma linguagem não mitológica como a atração exercida pelo inconsciente, uma ocorrência constante comparável ao efeito da lei da gravidade[116].

À medida que continuamos a criar raízes nos pés, percorremos o caminho de descida ao submundo da deusa suméria Inanna-Ishtar[117]. Além disso, na Grécia antiga,

---

[115] "Problems of Modern Psychotherapy", *The Practice of Psychotherapy*, o. r. 16, par. 146.
[116] Emma Jung e Marie-Louise von Franz, *The Grail Legend*, pp. 42 e 43.
[117] Consulte Sylvia Perera, *Descent to the Goddess: A Way of Initiation for Women*.

quando havia um problema sem solução, as pessoas entravam em uma caverna para consultar o oráculo profético. A ideia era que os segredos ficavam debaixo da terra.

É o centro de nossos calcanhares que forma uma linha com o centro da terra. Respirar até os calcanhares permite que o pequeno trecho de terra que ocupamos fique cada vez mais firme até começarmos a sentir que estamos em algo realmente sólido. Quando alcançamos o centro da terra, não conseguimos ir nem mais um pouco para baixo, atingimos o limite da parte de baixo. Quanto mais se desce, mais se sente algo estável sob os pés. O processo é interminável. Um dia chegamos ao momento feliz de perceber que estamos na verdade sobre algo sólido e que, seja lá o que tenhamos encontrado, não nos pode ser tirado. Conforme dizia Jung:

> O paciente deve ficar sozinho se quiser descobrir o que o sustenta quando ele próprio não pode sustentar-se. Somente essa experiência pode dar-lhe uma base indestrutível[118].

Ficar "enraizado" à terra é realmente magnífico. A força que nasce ao nos sentirmos enraizados é impossível de se traduzir em palavras. Seja sentado, em pé ou deitado, sentimos o imenso apoio de algo abaixo de nós e que nos oferece sustentação, que no final é absolutamente insubstituível.

Ruth, a mulher de quarenta anos que durante muito tempo sofreu de fobias[119], teve um sonho depois de três anos de análise:

> Estou em Zurique e noto que o osso de trás do meu pé, no calcanhar, está quebrado. Ligo para o médico e ele diz

---

[118] "Introduction to the Religious and Psychological Problems of Alchemy", *Psychology and Alchemy*, o. r. 12, par. 32.
[119] Veja p. 54 deste livro.

que não pode fazer nada por mim. Não gosto do que ele me diz, já que preciso ir à cidade fazer umas coisinhas. De repente noto que, apesar do calcanhar quebrado, eu consigo andar. O incrível é que não sentia dor alguma.

No sonho, Ruth quebrou o pé bem na região do tendão de Aquiles, o herói grego praticamente invulnerável que ficou protegido no nascimento pela imersão em águas sagradas, com exceção do calcanhar, o ponto em que ele sempre fora vulnerável. O calcanhar, particularmente a parte de trás do calcanhar onde fica o tendão de Aquiles, é na verdade uma parte muito delicada do pé, e que nos dá sustentação e nos mantém sobre o chão. Se usado da forma correta, ou seja, em sintonia com a gravidade, de alguma forma é capaz de proteger o corpo, tornando-o senão invulnerável, no mínimo um pouco menos vulnerável[120].

Durante sua análise, Ruth descobriu que suas fraquezas também são dádivas. Na época em que sonhou, ela havia começado a fazer coisas que nunca havia feito antes — andar de teleférico, de bonde, levando suas feridas consigo. Ruth começou a sair e encontrar o amor, por si mesma, que ela tanto desejava.

É através de nossas vulnerabilidades que permanecemos humanos. Existe uma certa permeabilidade entre os mundos divino e humano onde o cruzamento ocorre por meio do corpo sutil. Através da prática ambos os mundos ficam acessíveis e é possível vivenciá-los simultaneamente.

---

[120] Scaravelli, *Awakening the Spine*, p. 74.

5

YAAKOV

> Ninguém deve negar o perigo da descida ao inconsciente, mas *é possível* arriscar. Ninguém é *obrigado* a se arriscar, mas é certo que alguns se arriscarão. E que estes que descem como o pôr do sol possam fazê-lo de olhos abertos, pois é um sacrifício que amedronta até os deuses. Porém, depois de toda descida há uma subida; as deformações se moldam trazendo novas formas, e uma verdade só será válida no final se sofrer mudança e apresentar uma nova realidade, em um novo idioma, como um vinho novo posto em uma garrafa antiga.
>
> C. G. Jung, Símbolos de Transformação

Em *Gênesis* está escrito que, depois de anos esperando por um filho, Rebeca ficou grávida de gêmeos. Os gêmeos brigavam com tanta agressividade no útero materno que Rebeca foi pedir conselho a Deus. Dirigiu-se até um local sagrado em que, diziam, Deus vinha ao encontro do povo, unindo assim a energia humana e divina. Foi lá que Rebeca ouviu o oráculo divino:

> Duas nações há no teu ventre,
> dois povos, nascidos de ti,
>   se dividirão:
> um povo será mais forte
>   que o outro,
> e o mais velho servirá ao mais moço[121].

---
[121] Gênesis 25:23.

A previsão de que Jacó, o irmão mais novo, seria mais forte do que Esaú, o mais velho, ficou evidente no nascimento:

> E saiu o primeiro, ruivo, todo revestido de pelo; por isso, lhe chamaram Esaú. Depois, nasceu o irmão; segurava com a mão o calcanhar de Esaú, por isso lhe chamaram Jacó[122].

O nome Jacó, em hebraico *Yaakov*, deriva de uma palavra que significa "o que supera ou que suplanta". Etimologicamente, suplantar significa não só destituir, mas também derrubar, levar a um patamar inferior. É isso o que quer dizer superar — que descemos para adquirir força, que de fato é o que Jacó acaba fazendo.

Outra derivação da palavra *Yaakov* vem do radical *akov*, que significa torto. Usando nossos calcanhares é que corrigimos quaisquer desalinhamentos em nosso corpo; conseguimos manter-nos em uma linha reta perpendicular à terra. Quando estamos adequadamente alinhados dentro de um sistema maior de energia que nos cerca, nos ligamos ao lado positivo do arquétipo.

Jacó de fato suplanta seu irmão mais velho, Esaú, em seu direito de primogenitura, recebendo assim a bênção de seu pai, Isaque, que seria para Esaú. O *Mishnah* relata que depois de Jacó ser abençoado:

> Ele, em razão da bênção que havia recebido, foi coroado como um noivo; e o orvalho que reaviva os mortos desceu sobre ele do céu, seus ossos ficaram mais fortes e ele próprio se transformou em um homem poderoso[123].

Através de sua ligação com o calcanhar, Jacó adquire um corpo forte e hábil como o de Esaú; ele adquire uma nova condição. Na incorporação da sombra, do húmus,

---

[122] Gênesis 25:25-26.
[123] *Pirke d'Rabbi Eliezer*, citado em Heinz Westman, *The Springs of Creativity*, p. 146.

Jacó se une à energia espiritual superior com sua contraparte sombria. Jacó abraça a vida através do orvalho transformador e reanimador que cai do céu sobre ele. É como se o vigor corporal que pertencia originalmente a Esaú lhe tivesse sido tomado e sido conferido a Jacó, que então foi capaz de abandonar o mundo protegido do passado e aventurar-se neste mundo. A viagem noturna pelo mar havia começado. Devemos deixar nossos complexos paterno e materno para trás para descobrir nosso ser amado, dentro e fora. Em sua personificação de Esaú, Jacó ganhou um senso de poder em seus membros. Foi criado assim como Adão; na verdade a palavra hebraica que significa ossos — *atzamot* — fica bem próxima da palavra "self"[124]. Assim como Mercúrio, Jacó incorpora o bem e o mal; ele é mutável e pode trocar de pele à vontade.

Na literatura alquímica tântrica, um texto fala sobre os poderes milagrosos de cura de mercúrio como um corpo divino: "Logo após, o indivíduo torna-se [assume] outro corpo: não é necessário especular sobre o assunto"[125].

Jacó de fato troca sua pele antes de estar diante de seu pai, tapeando assim seu irmão mais velho e sendo abençoado primeiro. Ele ganha uma pele mais grossa, mais madura que o protege e permite que adentre o mundo como homem. Ele passa por uma iniciação. Jacó encena um ritual de amadurecimento em que a renovação ocorre através de imitação de cobras ao se livrarem de suas peles antigas. A força física e o poder conferidos anteriormente a Esaú passam então a Jacó; a projeção se conclui.

Assim como o mercúrio impregnado de diamante é aparentemente capaz de transformar até dez milhões de

---

[124] Zornberg, *Genesis: The Beginning of Desire*, p. 178.
[125] Citado em David Gordon White, *The Alchemical Body*, p. 150.

vezes sua massa de metais-base em ouro, ele torna-se o meio de realização do corpo imortalizado, conforme verificamos em outro texto sobre alquimia:

> Oh céus! Mercúrio, inconsciente como a respiração, afasta a doença; morto, revive; e amarrado, é capaz de voar[126].

Deparamos aqui mais uma vez com o paradoxo essencial inerente a este trabalho: precisamos deixar nossos corpos se lançarem à força da gravidade de Saturno para nos sentirmos flexíveis e livres de esforços em nossa existência corpórea. A consequente leveza vem somente quando somos seguros pela terra que está embaixo, pois de outro modo alçar voo pode significar entregar-se ao lado sombrio de Deus, a um profundo desejo de morte. Paradoxalmente, não devemos abandonar as asas de Mercúrio, lembrando que Mercúrio, sendo ao mesmo tempo "alado" e "áptero"[127], une espírito e matéria. Citando novamente David Gordon White:

> Conforme vimos, a fixação de mercúrio também é referida como o corte de suas asas, evitando a volatilização e o "alçar voo" (evaporando). De modo semelhante, na prática do ioga é fundamental que o "fluxo" das respirações e energia vital sejam impedidos de deixar o corpo[128].

Jacó, transformado pela aquisição de um novo corpo, "pôs-se a caminho e se foi à terra do povo do Oriente"[129]. Diferente de Isaque, seu pai, que esperava em casa enquanto sua futura esposa era encontrada, Jacó ingressa

---

[126] Ib., p. 149.
[127] Consulte "The Dual Nature of Mercurius", *Alchemical Studies*, o. r. 13, par. 267.
[128] *The Alchemical Body*, p. 278.
[129] Gênesis 29:1.

sozinho em uma viagem pelo desconhecido, incorporando verdadeiramente o princípio masculino. Jacó consolida a bênção trazendo-a à realidade no corpo. Rashi comenta sobre o fato de Jacó erguer os pés e diz: "Seu coração erguia seus pés e ele ficava leve"[130].

Vemos aqui a transformação do peso de Saturno por meio do orvalho, a água eterna que traz a dádiva da vida eterna. É pela descoberta do corpo que a natureza criou, flexível porém presente em sua beleza, que nos ligamos à eternidade da alma. Na obra *Dicta Belini*, Dorn menciona Saturno: "Meu espírito é a água que solta os membros rígidos dos meus irmãos"[131].

Entramos no corpo através do coração nos permitindo "sentir" ao nosso modo. Paradoxalmente, quando se está verdadeiramente alicerçado sobre a terra por uma ligação profunda com os calcanhares, a leveza e a liberdade surgem naturalmente em nosso corpo. Nossos pés nos ligam ao que está abaixo. Eles têm, na verdade, duas funções principais que são sustentar-nos e carregar-nos pelo mundo. Quanto mais ancorados estivermos à terra, quanto mais segura for a base que fica abaixo de nós, mais poderemos buscar a luz da consciência. Contam que os ossos de Jacó se fortaleceram à medida que ele obteve o "novo corpo", que paradoxalmente lhe conferiu leveza corpórea. Na Figura 13, vemos o que realmente significa manter os opostos em relação ao eixo central do corpo.

Isso nos remete outra vez à noção de *asana* como estar firme, mas ao mesmo tempo flexível e relaxado. Paradoxalmente, simplesmente ficar firme e o que consideramos "fortes" frequentemente envolve certa rigidez e

---

[130] Zornberg, *Genesis: The Beginning of Desire*, p. 179.
[131] Citado em "The Relation of Mercurius to Astrology and the Doctrine of the Archons", *Alchemical Studies*, o. r. 13, par. 274.

uma consequente dureza que não corresponde de modo algum à intenção original. Vanda Scaravelli expressa isso conforme se manifesta no corpo:

> A prática nos transforma... Ficamos mais bonitos, nosso rosto muda, e o caminhar ganha elasticidade. Nosso jeito de ficar em pé se torna firme e equilibrado, nossas pernas ficam mais firmes e os dedos dos pés se estendem, conferindo maior estabilidade. Nosso tórax se expande, os músculos abdominais começam a trabalhar, a cabeça fica mais leve sobre o pescoço (como a corola da flor em seu talo que se movimenta facilmente e com flexibilidade enquanto o vento sopra). É magnífico observar essas mudanças encantadoras... Uma vida diferente começa e o corpo expressa uma alegria nunca antes sentida. Não é só conversa, isso realmente acontece[132].

Figura 13. Visão lateral de uma mulher imaginando seu sacro tão pesado que afunda em direção ao solo atrás dos calcanhares. Simultaneamente ela imagina que seu eixo central se eleva de modo que o topo da cabeça sobe em direção ao céu.

---
[132] Citado por Esther Myers em *Yoga and You*, pp. 26 e 27.

Jacó sai da casa de seus pais em uma nova pele. Ele sai como o noivo em busca da noiva, disposto a encontrar a escuridão da noite pela primeira vez. Sabemos pela Bíblia que Jacó interrompe sua jornada para dormir assim que escurece[133].

Ali Jacó encontra a negra escuridão da alma no verdadeiro senso da palavra. Ele irá retornar à *prima materia* como fez Adão quando foi lançado às trevas ao final do primeiro sábado. O Torá conta que naquele dia o Sol se pôs mais cedo para que Jacó pudesse passar a noite no lugar sagrado da Luz que, como vimos anteriormente, se referia ao eterno "osso sagrado"[134].

A escuridão surgiu inesperadamente, criada de forma intencional por Deus para formar a *prima materia*, conforme lemos no Midrash, "para falar em particular com Jacó — como um rei que pede que as luzes se apaguem, para que possa falar em particular com seu amigo"[135].

É interessante notar que vinte anos mais tarde, quando Jacó retorna do exílio depois de lutar com o anjo, o Sol volta a surgir[136]. Seguindo a mesma passagem no Midrash, é a primeira noite em catorze anos em que Jacó dorme em virtude de sua constante preocupação com o estudo do Torá. Contam que Jacó permaneceu acordado depois dessa noite de sono pelos vinte anos que se seguiram em que permaneceu no exílio, o que resultou em vinte e quatro anos de insônia, interrompidos unicamente por essa rara noite de numinosidade. Aqui Jacó irá encontrar Deus através da *experiência* do inconsciente (Figura 14).

---

[133] Gênesis 28:11.
[134] Veja pp. 88 e seguintes deste livro.
[135] Citado em Zornberg, *Genesis: The Beginning of Desire*, p. 187.
[136] Gênesis 32:31.

Figura 14. William Blake, "A Escada de Jacó".

Enquanto Jacó se apronta para dormir, ele reúne as pedras à sua volta e as coloca sob a cabeça, preparando-se para uma experiência religiosa primordial. Jacó, como mediador entre o homem e Deus, une os quatro elementos em uma totalidade divina. Na escuridão da noite ele sonha:

> Eis posta na terra uma escada cujo topo atingia o céu; e os anjos de Deus subiam e desciam por ela[137].

De acordo com documentos medievais, a escada foi colocada intencionalmente em direção à terra. É da terra que os anjos começam seu movimento de subida e descida. A própria natureza nos conta que não poderia ser de outra forma, trata-se de um processo natural que está sempre presente nos seres humanos bem como em todos os seres que se erguem verticalmente. As raízes de uma árvore se dirigem profundamente para baixo rumo ao centro da terra, enquanto o tronco cresce em direção ao céu. Nós entendemos que, quanto mais fundo as raízes se impregnarem no solo, mais alta e mais forte a árvore poderá crescer. A parte central da árvore, assim como a superfície da terra, corresponde ao centro da coluna na altura da quinta vértebra lombar, logo acima do sacro, conforme explicado anteriormente.

Lemos nas obras de Jung que ele não defendia realmente a prática do ioga para seus pacientes, uma vez que ele sentia que o ioga era *somente* um esforço rumo ao mundo superior, e, portanto, o considerava perigoso. No entanto, sinto que Jung explica o que ele queria dizer com esse alerta de uma forma bastante clara. Podemos extrapolar essa explicação de que o ioga que discutimos aqui não teria sido considerado perigoso em sua opinião; na verdade eu acredito que ele preferiria ter sentido o oposto.

---
[137] Gênesis 28:12.

Fundamentar-se e encontrar os calcanhares para trazer liberdade e flexibilidade ao corpo só pode ser algo muito útil, especialmente ao trabalharmos com as pessoas que nunca vivenciaram a sensação de fundamentação em suas vidas e que não vivem em seus corpos. Jung afirma:

> Aquele canal ou haste que ela [Christiana Morgan] desce seria o *sushumna*, canal pelo qual a Kundalini se ergue. E temos o fato notável de que ela está descendo. Vemos aqui a tremenda diferença entre a Índia e o Ocidente. Veja, se ela tentasse subir o *sushumna*, seria algo perfeitamente antinatural, um ato meramente imaginário. O ponto é que ela já está acima, e o que ela precisa alcançar está embaixo, portanto ela terá de descer. Enquanto o Oriente já está embaixo e tem de estabelecer uma ligação com o que está acima, porque a clareza de consciência não existe para eles, sua consciência está fora de foco. Portanto, o grande equívoco que o povo ocidental comete é imitar as práticas de ioga, afinal elas atendem a uma necessidade diferente da nossa; é um grande erro tentarmos ir mais e mais alto. O que devemos fazer é estabelecer a *ligação* entre o que está acima e o que está abaixo. Mas nós recorremos com ansiedade à prática do ioga, que obviamente não funciona; tem efeitos muito negativos porque nossas necessidades são contrárias. Portanto, eu sempre previno as pessoas para que não usem esse método oriental, pois nunca vi um caso que não tenha sido aplicado com o propósito equivocado de alcançar ainda mais o topo, de adquirir mais poder e mais controle, seja do corpo, de outras pessoas, ou do mundo. As pessoas usam o ioga para consolidar a força de vontade para ter uma influência hipnótica, mas isso é algo perigoso de fazer. A tentação é muito grande, mas felizmente na maioria dos casos não produz efeito. Nossa paciente está agora no fundo do poço. Isso corresponderia a muladhara, na terminologia do sistema de ioga Kundalini, o apoio original[138].

---

[138] *The Visions Seminars*, pp. 598 e 599.

Quando conseguimos apoiar os calcanhares com firmeza sobre o solo, o pé todo se posiciona para repousar confortável e uniformemente no chão. Podemos sentir-nos inclinados a ver isso como um ato natural, mas na verdade, se observarmos cuidadosamente os nossos pés, veremos que eles raramente estão apoiados uniformemente sobre o solo. Fotografias de estátuas egípcias (Figuras 15 e 16) mostram a coluna totalmente ereta. Não há curva atrás da cintura. É nesse exato ponto que a coluna se divide e se move para cima e para baixo ao mesmo tempo.

Ao observarmos atentamente essas imagens, podemos ver que os egípcios caminhavam apoiando os calcanhares primeiro enquanto mantinham os joelhos retos,

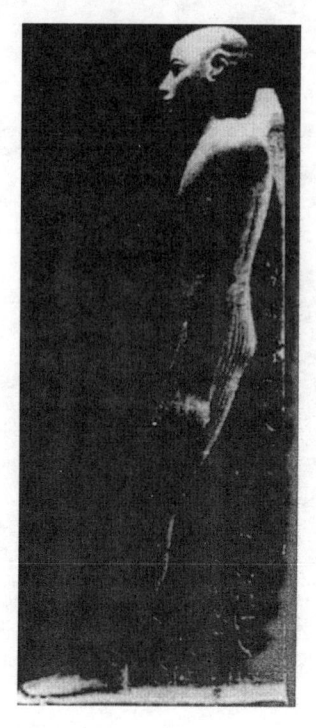

Figura 15.

Figura 16.

estendendo a sola do pé para a frente desde o calcanhar até os dedos. Isso lhes dava muita energia, conferindo imponência e equilíbrio aos seus movimentos. O poder vinha da terra pelas solas dos pés que, como centros de vitalidade e força, recebem energia da terra[139].

A numinosidade divina que Jacó experimentou no sonho teve origem em sua capacidade de fundamentar-se sobre os calcanhares, o que foi um presságio em seu nascimento. É pelas raízes em nossos calcanhares que surge a capacidade de viajar para cima e para baixo na coluna. O nascimento de Jacó "pelo calcanhar", por assim dizer, prevê a força que posteriormente iria manifestar-se em sua vida. Também encontramos nossa força pela fundamentação dos nossos calcanhares, que por sua vez formam a base, a base das posturas em pé no ioga.

É indispensável conservarmos as duas imagens simultaneamente, da descida e da subida. Jung nos lembra vez após vez que é a *relação* entre o mundo superior e o inferior que importa, não uma linha reta que nos leva a um dilema "ou isto ou aquilo" e ignora o mundo arquetípico. Sabemos que, quando o espírito encarna no mundo, deve descer até a terra. O nascimento ocorre quando Deus desce à terra. A luz da consciência está sempre acima e deve descer sempre para encontrar a matéria em um esforço de reconciliação dos opostos. A matéria por si não é capaz de subir ao encontro do espírito, precisa da impregnação do espírito para subir. Quando subimos com a onda da respiração, nos tornamos cheios do espírito pelo tempo que permanecermos no corpo, de outro modo perdemos a ligação com a terra e o espírito não pode mais ser mantido. Parece que hoje se enfatizam demais os motivos da ascensão; portanto, é possível esquecermos facilmente a

---

[139] Scaravelli, *Awakening the Spine*, pp. 12 e 13.

importância de permanecermos fundamentados na terra. Os egípcios representaram o tema da ascensão enterrando uma escada presenteada à alma do morto para ajudar a entrar no outro mundo. Subir significa retornar a Deus no céu. Assim, devemos permanecer na terra, pois a terra é o nosso corpo.

Jamais devemos esquecer nossa ligação essencial com a gravidade, que exige o movimento de subida e descida para se nos alongar, entrando gradualmente, assim, em novas áreas que, de outro modo, permaneceriam intocadas. Com sua magnífica lucidez, Jung nos oferece uma imagem profunda do que de fato poderia significar conseguir manter os dois lados simultaneamente, conquistando a unilateralidade da neurose. À medida que nos fundamentamos e nos estendemos com a onda, conforme explicação anterior[140], fica claro o quanto manter essa imagem em mente é algo inestimável:

> Até Eulenspiegel riu como um louco ao subir e chorou ao descer. As pessoas não conseguiam entender, afinal pessoas comuns não compreendem a sabedoria, mas para ele estava claro. Ao subir ele pensou na descida, isso o fez rir. Ele se alegrou com a ideia de que logo conseguiria descer. Mas ao descer ele anteviu que logo deveria subir outra vez e, sendo assim, ele chorou[141].

Aqui nos recordamos do décimo segundo sonho da série *Psicologia e Alquimia* em que o sonhador sonha com uma "caminhada perigosa com Pai e Mãe, subindo e descendo muitas escadas"[142]. Jung sugere que isso se refere a um processo de transformação psíquica que envolve necessariamente muitas subidas e descidas. Como

---
[140] Veja p. 100 deste livro.
[141] Nietzsche, *Zaratustra*, p. 226.
[142] "Individual Dream Symbolism in Relation to Alchemy", o. r. 12, par. 78.

Pai e Mãe são especificamente mencionados aqui, é o inconsciente pessoal que importa. Os comentários do inconsciente individual geralmente são revelados antes de surgirem os conteúdos do inconsciente coletivo. Jacó, enquanto sonhador, personifica todo o processo evolutivo como aspecto do Self que incorpora tanto sua história pessoal quanto a da humanidade. Jacó foi escolhido para ser mensageiro de Deus. Um dos textos do Midrash nos conta que o próprio Jacó é a escada sobre a qual os anjos viajam, unindo assim o corpo e o espírito em um casamento divino[143].

Poderíamos afirmar que o ego de Jacó ficou suficientemente forte para render-se à imensidão das energias divinas, ao Self. Ele assumiu uma nova pele, por assim dizer, que lhe permitiu render-se a algo maior que havia dentro de si. Os cabalistas veem a subida tanto como um processo que ocorre após a morte quanto como aquele que deve ser precedido da descida da alma à terra, para que possa nascer. A ascensão é o retorno ao divino. Cada alma não passa de uma célula minúscula presente no corpo de Adão Kadmon, o homem divino que desce ao mundo inferior para obter experiência. O conhecimento e a sabedoria obtidos pela experiência são concedidos ao Divino na reunião após a morte. Esse processo continua ao infinito até que Adão fique totalmente consciente de toda a existência. Dessa forma, os mundos inferiores (frequentemente representados pelos três chacras inferiores) tornam-se espelhos do mundo divino que está em cima. Nós, como seres humanos, não passamos de espelhos da imagem divina.

---

[143] *Bereshit Rabbah*, 68:18, citado em Zornberg, *Genesis*, p. 191.

O objetivo da prática cabalística é ajudar na redenção do homem individual e coletivo como manifestação final da matéria, que também é idêntico ao objetivo dos alquimistas. A meditação foi uma das práticas cabalísticas mais poderosas. Como regra, começa-se sentando imóvel sobre o solo para ativar a energia adormecida no *muladhara*, no primeiro chacra. No texto Katha Upanishad 2.21 lemos que sentar em meditação beneficia muito aqueles que se dedicam à prática:

> Embora esteja sentado meditando em
> um local específico, o Self de dentro
> é capaz de exercer influência em pontos distantes.
> Embora esteja parado, ele move tudo por toda parte.

6

MULADHARA, ELEFANTES E A CABALA

> O Self traz um sentimento de base firme dentro de si, um sinal de eternidade interior que nem mesmo a morte física é capaz de tocar.
>
> Marie-Louise von Franz, *C. G. Jung: His Myth in Our Time.*

O caminho do ioga Kundalini pode ser perigoso, especialmente para os ocidentais. Quando o indivíduo ainda não adquiriu a fundamentação e a segurança essenciais na vida, o desejo de abandonar a vida pode tornar-se muito forte. Muitas pessoas estão no mundo meio-vivas meio-mortas, sem saber o que querem, o que precisam, ou o que pode ser destrutivo para elas. Abraçar a vida pode representar uma ameaça, e assim o indivíduo prolonga sua vida de ambivalências. Trata-se do medo de ser pego pela terra, pela mãe, e não conseguir mais libertar-se. Nada é mais assustador para alguém que nunca sentiu o amor de braços que o protegessem.

Há alguns anos, uma mulher de quarenta e poucos anos veio consultar-se comigo a respeito do problema, conforme me disse na época, de que sentia nunca estar em seu corpo. Louise descreveu sua vida quase em estado de transe e queria experimentar o que significa estar presente todos os dias. Ela tinha uma história de vida difícil, de perda prematura e trauma, e era compreensível que nunca conseguisse sentir-se presente no mundo à sua volta. Louise veio para as sessões de análise porque havia muitos anos não conseguia engravidar e a infertilidade estava causando uma tensão insuportável em seu casamento. Além disso, o teor invasivo do exame médico a fez recordar o trauma do passado. Depois de cerca de dois anos de análise ela descreveu o seguinte sonho:

> Eu estava comendo um rato verde. Ouvia esmagar cada ossinho e eu comi o rato. O verde era iridescente, um verde luminoso.

Juntas, contemplamos o mistério dessa imagem. Louise havia sonhado com o rato verde enquanto participava de um curso, com um grupo de pessoas que estudava o que ela mais gostava na vida, as maravilhas da natureza. Ela me contou que se sentiu totalmente integrada ao grupo e que dormira extraordinariamente bem durante aquela semana especial.

O sonho com o rato levou Louise de volta a suas raízes arquetípicas, a suas origens, ao *muladhara*, o chacra básico que nos leva ao domínio dos instintos, ao corpo. Refiro-me novamente a Jung:

> Quando o homem se desenvolveu, saindo daquele centro mais inferior, o *muladhara*, entrou na região pré-psicológica, a condição caracterizada pela psicologia das emoções[144].

A cor do *muladhara* é um vermelho bastante profundo, a cor da paixão, do sangue, da vida. Marion Woodman sugere que os chacras podem ser vistos à luz do início de nossa existência:

> Os chacras também podem ser interpretados em termos de desenvolvimento. O chacra básico ou da raiz é o

---
[144] *The Visions Seminars*, p. 408.

chacra da sobrevivência, uma espécie de ligação primitiva com a vida, desejo de alimento, desejo de conforto, desejo de amor — todas as necessidades básicas da criança[145].

Monica, uma mulher de sessenta e cinco anos, teve um sonho depois de uma longa prática de ioga. Sua antiga e profunda ferida manifestou-se em todo o corpo, provocando enorme vergonha. Ela sente que o ioga foi um milagre para ela e raramente perde um dia de meditação:

> Um *setter* se juntou a nós. Parecia que havia perdido a família. Eu o aceitei em princípio um pouco relutante, mas logo percebi que sua presença era consoladora. Era um cão muito bom e também era muito tranquilizador e reconfortante acariciá-lo.

O ioga deu a Monica uma razão para acreditar em si e acreditar em uma nova vida que se abria para ela. Sabe-se no mundo científico que a ativação de forças vitais ocorre na corrente sanguínea. Uma corrente eletromagnética é criada pela polaridade entre os corpos físico e sutil. De alguma forma, existe uma ligação entre a força vital no sangue e no cérebro que se manifesta na consciência, mas isso ainda não é compreendido pela medicina moderna. Na homeopatia, um remédio é ativado através da força vital que entra no corpo sutil, nos chacras, pelos diversos meridianos localizados por todo o corpo[146]. Ao trabalharmos com o *muladhara*, voltamos a nossas origens. É como se, paradoxalmente, estando sobre uma base firme na terra, fôssemos transportados de volta no tempo.

---

[145] Woodman e Dickson, *Dancing in the Flames*, p. 59.
[146] Um meridiano é um canal que carrega energia sutil (*chi*) para os diversos órgãos do corpo, nervos e vasos sanguíneos.

Muladhara é a base, o alicerce sobre o qual todos os outros chacras devem repousar. No *muladhara* uma flor de lótus é representada com quatro pétalas, e dentro dela há um círculo que se transforma em quadrado, representando o quinto elemento, a *quinta essentia* que cria o corpo imortal pela transformação do osso *luz* (Figura 17).

A capacidade de transformar um quadrado em círculo era uma das preocupações dos alquimistas, em outras palavras, alcançar uma união de opostos reunindo o céu e a terra formando uma só entidade. Transformar o círculo

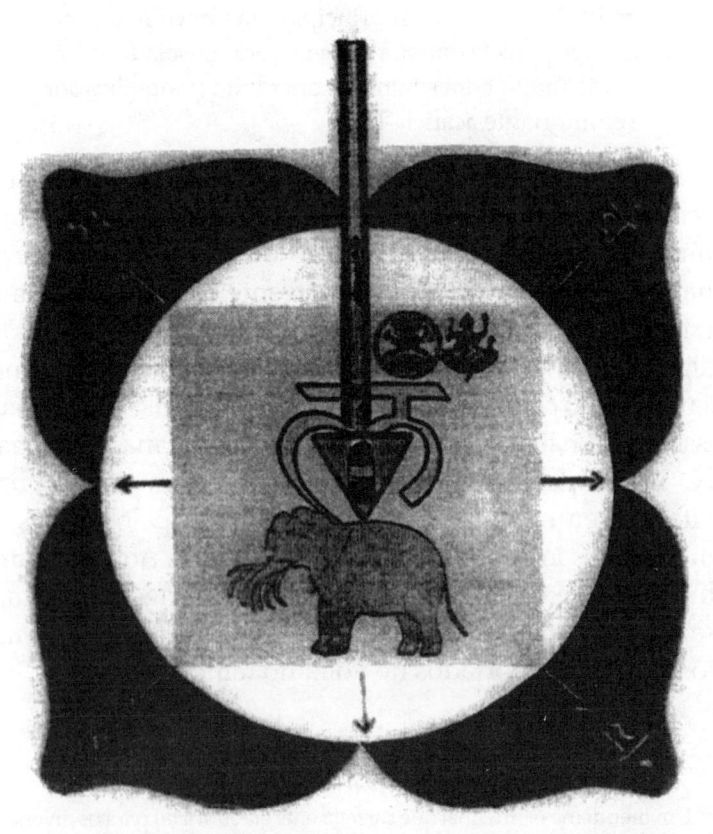

Figura 17. O chacra *muladhara*.

em quadrado e o quadrado em círculo, seja como for, representa a incorporação do aspecto circular dos céus que transforma a terra e vice-versa.

O processo ascendente e descendente em espiral é interminável. Tornar um círculo quadrado representa um estado irracional de totalidade que, para ser integrado, deve ser vivenciado no corpo sutil. Em *The Visions of Zosimos*, Jung nos conta que Dorn defendia que transformar um círculo em quadrado era algo que produzia o vaso alquímico sagrado, no qual tudo ocorre[147]. Dorn vai mais adiante dizendo que a criação do vaso é uma operação essencialmente psíquica; é a criação de uma prontidão interna que aceitará que o Self fica por trás de todo o processo. Aqui o vaso fica bem contido no quinto elemento dentro da estrutura de lótus com quatro pétalas. O número quatro nos lembra o pó que Deus juntou dos quatro cantos do mundo para fazer o homem primitivo, Adão Kadmon. O mundo material se baseia na totalidade inerente à terra. As quatro pétalas também podem ser vistas como uma representação dos quatro elementos do reino material: terra, água, fogo e ar.

Dentro do quadrado na Figura 17, há um pequeno triângulo que aponta para baixo e fica no final de uma coluna de energia que representa a *susumna*[148], simbolizando a energia descendente contida neste chacra. Se observarmos atentamente, veremos que dentro desse triângulo fica a serpente Kundalini enrolada no *lingam* (falo) de Shiva, que aponta para cima na direção do consciente. O que está em cima e o que está em baixo estão unidos. Abaixo o triângulo sustenta o magnífico *Airavata*, o elefante de sete

---

[147] *Alchemical Studies*, o. r. 13, par. 115.
[148] *Susumna*, o canal central no ioga Kundalini que liga os chacras uns aos outros; também chamada "via real" para a iluminação.

trombas que representa a qualidade instintiva do corpo que prevalece nesse chacra. Acredita-se que geralmente o deus com cabeça de elefante, Ganesha, está associado ao *muladhara*.

Retomando o sonho de Louise, em que ela está comendo um rato verde, lembramos que Ganesha, o elefante indiano dos obstáculos, geralmente era descrito sentado sobre um rato. É comum na iconografia indiana encontrar um símbolo de animal colocado sob um deus antropomórfico. Aqui o rato, que carrega o elefante, por assim dizer, é chamado de "veículo". Assim, o rato pode ser visto como a personalidade e energia do deus Ganesha. Podemos imaginar a força de caráter que o rato deve ter para conseguir carregar todo o peso do elefante sobre as costas. Sabe-se que o rato, bem como sua contraparte divina, Ganesha, também é capaz de superar obstáculos e portanto um animal adequado para carregar o deus. O elefante passa pela selva, pisando sobre arbustos, dobrando e arrancando árvores, atravessando rios facilmente; o rato pode obter acesso ao celeiro mesmo que esteja trancado. Os dois juntos representam o poder desse deus em superar obstáculos ao seu caminho[149]. É possível superar qualquer obstáculo quando a sobrevivência não é ameaçada, quando contido no *muladhara*.

Para Louise, comer o rato verde significava o início de uma integração dos elementos *muladhara* que ainda faltavam em sua vida. Seu corpo havia-se tornado mais forte e era capaz de fazer o que antes ela considerava muito difícil. Em outras palavras, sua vida instintiva estava tornando-se disponível para ela, presente na relação com seu corpo e com sua natureza feminina.

---

[149] Consulte Heinrich Zimmer, *Myths and Symbols in Indian Art and Civilization*, p. 70.

O elefante demonstra ser um animal complicado por ser tão grande. Por ser bem mais pesado do que qualquer outro animal na terra, não só precisa de pernas que sejam pilares, mas literalmente de uma grande superfície pulmonar para absorver o oxigênio, um tronco de dois metros e meio para alcançar os alimentos, um coração volumoso para fazer o sangue circular, e muitos metros de intestinos e órgãos digestivos complexos para assimilar a nutrição de centenas de quilos de folhagens e grama que ingere diariamente.

Os elefantes andam pela terra desde tempos remotos. De acordo com a antiga cosmologia indiana, oito elefantes celestiais protegiam os oito pontos da bússola no céu. Seus descendentes tinham asas e, assim como as nuvens, passeavam pelo céu. Essa condição idílica não podia permanecer para sempre; muitos perderam suas asas por falta de cuidado. Desde aquela época, os elefantes são forçados a permanecer no solo[150]. Esses animais gigantescos em termos de arquétipo representam tanto as criaturas aladas quanto as sem asas, carregando assim os atributos de ambas; eles podem voar pelos ares e produzir nuvens que mais tarde se encherão de chuva e assim liberar as dádivas do inconsciente sobre a terra. Os elefantes podem ser considerados nuvens de chuva que caminham sobre a terra, o que os torna pontes adequadas entre o céu e a terra.

Muladhara literalmente significa "suporte raiz", e oferece a base ideal para o elefante servir como veículo de transporte divino no primeiro chacra. Em um monumento clássico do século 8 da arquitetura religiosa hindu, O Templo do Senhor do Monte Kailasa, o elefante é usado como coluna de apoio (Figura 18). A brancura do *Airavata*,

---
[150] Ib., p. 106.

Figura 18. Cariátides de elefantes (século 8 d. C.).

o elefante que senta sobre a base do quadrado no *muladhara*, sugere que a origem desse elefante "cor de leite" seja resultado da agitação do leite no mito da criação hindu que por fim gera a *amrita*, a poção que garante a imortalidade. Antes de começar a agitação do leite, era necessário um polo de agitação; os deuses e diabos da época julgaram adequado usar a montanha *Mandara* exclusivamente com esse propósito. *Mandara* tinha 77 mil milhas de altura, e suas raízes afundavam-se na mesma extensão debaixo da terra. *Mandara* é a coluna que se estende infinitamente em duas direções opostas, dando-nos apenas uma breve ideia do mundo eterno que está por vir.

Estar no *muladhara* significa estabelecer uma relação com a realidade e ligar-se às raízes de nossa existência. Ao praticarmos ioga, nós mesmos nos tornamos as raízes que penetram profundamente na terra. Conforme Jung nos conta explicitamente:

É preciso que você acredite neste mundo, crie raízes, faça o melhor que puder... mas precisa acreditar nele, torná-lo quase uma convicção religiosa, somente com o propósito de assinar o tratado, para que fique a sua marca. Afinal você deve deixar sua marca neste mundo, que notificará que você esteve aqui, que fez algo. Se nada disso acontecer, você não se terá realizado; o germe da vida caiu, digamos, sobre uma camada de ar muito grossa e permaneceu suspenso. Nunca tocou o solo, e portanto nunca poderia gerar uma planta. Mas, se você tocar a realidade em que vive, e permanecer por várias décadas, se deixar sua marca, então os processos impessoais poderão começar[151].

À medida que nos tornamos as raízes que descem na terra, entramos em contato com o feminino, com o corpo, que na Cabala chamamos *Shekhinah*, a presença feminina divina encarnada na terra. Ela é o principal aspecto feminino que manifesta em si mesmo a fonte de toda a vida. À medida que a *Shekhinah* é incorporada, torna-se capaz de ser percebida. É a mãe que intercede repetidas vezes a favor de seus filhos. É a *Malkhut*, que habita o fundo da Árvore Cabalística da Vida (Figura 19)[152], reúne todas as emanações do mundo que fica acima, e serve como espelho e recipiente no qual todas as luzes emitidas dessa estrutura emanadora são absorvidos[153].

---

[151] *The Psychology of Kundalini Yoga*, p. 29.
[152] As sefirotes são as dez essências de energia no pensamento cabalístico que constituem o mundo pelo desdobramento da essência de Deus. Na Árvore da Vida representam as luzes dos atributos de Deus.
[153] Emanação, no pensamento cabalístico, é o vir-a-ser do universo através do desdobramento da essência de Deus em uma série de dez etapas, as esferas de *sefirotes*.

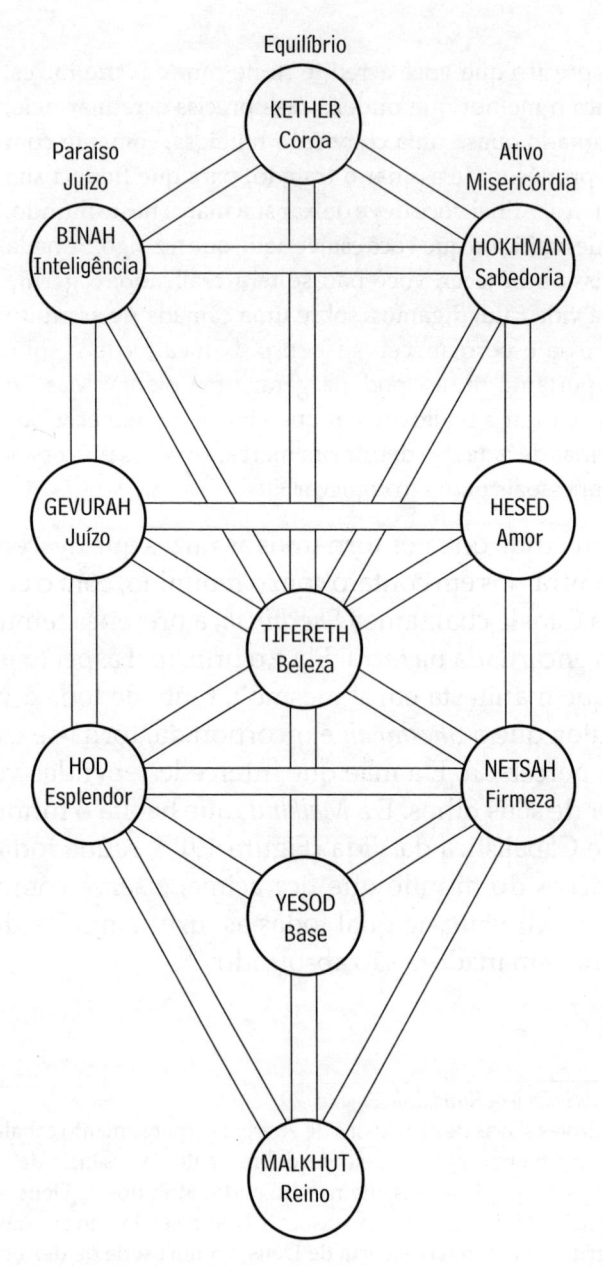

Figura 19. Sefirote, a árvore cabalística da vida.

Os dez sefirotes surgem do nada como um trovão ou uma chama cintilante, e não têm começo nem fim. O Nome de Deus está com eles à medida que seguem adiante e quando retornam[154].

Malkhut é conhecida como a "filha" ou "reino", o local em que o corpo existe na realidade do mundo material. Dizem que quando *Shekhinah* está presente o silêncio da dimensão espiritual é quebrado, abrindo espaço para o discurso divino. É a voz que faz o corpo viver.

Todo sefirote superior flui para *Malkhut* onde *Shekhinah* espera para unir-se ao seu noivo, pois ela é uma viúva abandonada, por assim dizer[155], e portanto incompleta sem ele. Ela é a parceira que Jacó espera e, semelhante a Mercúrio, é o noivo envolvido na eterna busca por sua noiva.

À medida que tomamos contato com o chacra inferior, confrontamo-nos com o medo primitivo de abandono, da viuvez, enfrentando a possibilidade de estarmos verdadeiramente sós. Isso é apenas ilusão, porém, já que estamos todos essencialmente sozinhos; nascemos sozinhos e morremos sozinhos. Somente através da ligação com o mundo arquetípico é que conseguimos sentir um ambiente amoroso à nossa volta. Gradualmente, à medida que continuamos trabalhando no *muladhara*, na presença divina de *Shekhinah*, aprendemos a ficar sozinhos diante de nossas maiores dificuldades. Quando conseguimos de fato encontrar o aspecto feminino dentro de nós, começamos a desenvolver uma relação com o mundo ao nosso redor. Estar no mundo é ter um ego e saber que o ego só nos foi dado como instrumento para revelação da energia divina, não como um fim em si mesmo. Podemos gradualmente

---

[154] Do *Sefer Yezirah* (obra antiga do misticismo judaico), citado em Zev ben Shimon Halevi, *Adam and The Kabbalistic Tree*, p. 25.

[155] Consulte "The Components of the Coniunctio", *Mysterium Coniunctionis*, o. r. 14, par. 18.

nos permitir nossas vulnerabilidades enquanto permanecemos fortemente contidos no *muladhara*.

Quando *Malkhut* se une à sua contraparte masculina, diz-se que se torna a "estátua" animada pela respiração divina da vida[156]. O corpo vive. A sobrevivência então se torna algo que podemos subentender. É apenas a respiração, ou *prana*, que nos estimula. Somente a respiração é capaz de trazer transformação; todas as outras tentativas de mudar o corpo de nada servem se a dádiva da vida estiver ausente. A respiração é a manifestação da força vital e nos sustenta no âmbito eterno, conforme consta no Kaushitaki Upanishad, III.2:

> Vida é *prana*, prana é vida. Pelo tempo que o *prana* permanecer neste corpo, haverá vida. Através do *prana*, é possível conseguir, mesmo nesse mundo, a imortalidade[157].

O modo como respiramos, de forma superficial ou profunda, lenta ou rapidamente, depende não só de treinamento mas também de nossas condições psicológicas, conforme Jung provou diversas vezes ao fazer uso do experimento associativo. A cada respiração nós criamos vida nova; algo novo nasce cada vez que respiramos.

No século 16, quando o misticismo judeu florescia na Palestina, Isaac Luria apresentou uma visão radicalmente nova do mito da criação e do lugar do indivíduo nela. Ele imaginou que, antes de Deus ter criado o mundo, na verdade Ele se voltou para dentro, se contraiu, para deixar espaço para o mundo em que os humanos poderiam viver. Naquele espaço havia vasos pequenos cheios de faíscas de luz divina que continham as almas futuras da humanidade. Porém, a energia na luz era intensa demais, e rachou

---

[156] Veja p. 71 deste livro.
[157] Citado em Georg Feuerstein, *Yoga: The Technology of Ecstasy*, p. 127.

os vasos e espalhou as faíscas em todas as direções pelo universo. É nossa tarefa mergulhar na obra redentora de unificar o universo outra vez. É o objetivo universal do ioga alcançar essa nova dimensão de consciência, que, ao estabelecer o nascimento de uma nova personalidade, será compatível tanto com o mundo tangível, quanto com o mundo místico.

Devemos enfatizar novamente que *não* é objetivo do ioga escapar do mundo material, e sim reunir os mundos do espírito e do corpo. Conforme nos lembra o rabino Abraham Joshua Heschel:

> O corpo é a disciplina, o padrão, a lei;
> O espírito é a devoção interna, espontaneidade, liberdade.
> Um corpo sem espírito é cadáver
> e um espírito sem corpo é um fantasma[158].

Quando respiramos de forma consciente, criamos um vácuo em que a luz pode entrar no final de cada exalação. Nesse espaço está contido todo o nosso potencial para o desenvolvimento da consciência. A cada respiração reinterpretamos a criação do mundo. A luz entra na escuridão da carne. À medida que continuamos a respirar e focalizamos constantemente uma consciência interior, a luz formada inteiramente fará com que a coluna se alongue. A Figura 20 representa como o interior do ventre, o *hara*, ficaria no final da expiração quando o ar abandona completamente o corpo e esperamos o início da nova inspiração, que sempre vem a seu tempo.

Na verdade, a Figura 20 é uma imagem cabalística do Criador em estado de contração para abrir espaço para a criação do mundo. Ao imitar essa ação vez após vez, nós criamos energia positiva liberando toxinas e livrando o corpo de impurezas. Deste único raio de luz que entra no

---

[158] *God in Search of Man: A Philosophy of Judaism*, p. 341.

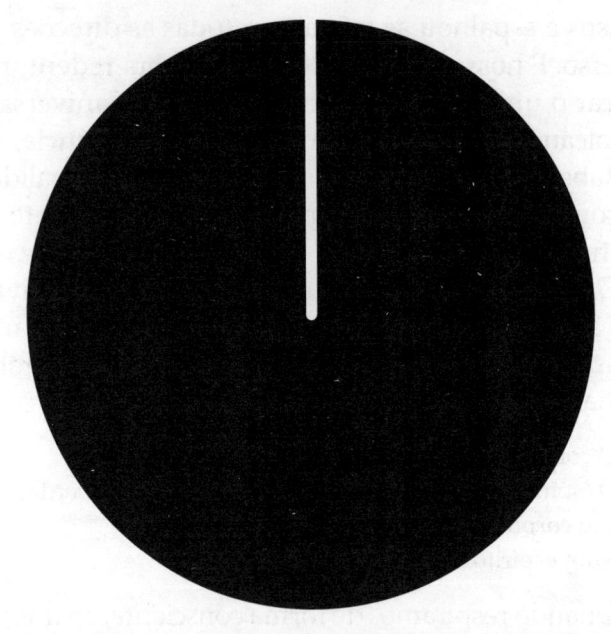

Figura 20. O raio de luz do infinito entrando no espaço vazio da *Tzimtzum* (contração).

corpo, evoluem e se espiralam os dez círculos concêntricos da Árvore da Vida, preenchendo o mundo de luz, a luz que primeiro se fundamentou no *muladhara*. Os dez sefirotes "acesos" correspondem às dez vezes em que Deus falou no primeiro capítulo do Gênesis: "Que haja luz", pelo qual o mundo foi criado e continua sendo criado a cada respiração. É nosso dever reunir conscientemente a luz que se perdeu quando esses vasos se quebraram. Devemos lembrar que o que se quebrou pode ser reparado e que é necessário separar as coisas para que elas possam se reunir outra vez. Em termos corpóreos, o alinhamento deve ser corrigido para que possamos retornar à posição original na estrutura do homem primitivo, de volta à natureza, como nossos corpos foram criados para ser. É isso que na Cabala chamamos de *tikkun*, que se refere à restauração do estado de desconjunção da humanidade chegando à unidade e harmonia precedentes.

Para que algo tome forma, Deus deve retirar-se interiormente. Quando nasce um espaço vazio, para a nova energia entrar, feixes de luz se dirigem ao vácuo, construindo o mundo. A respiração dessa forma consciente e concentrada nos leva vez após vez de volta ao nada, que depois se torna luz que atravessa toda parte. Essa luz, entretanto, deve ser contida no forte, porém flexível, vaso que permite a retenção do espírito. Quando se busca a luz, por si só, pode haver risco psíquico.

Dizem que a quebra dos vasos é a catástrofe primária, e que a subsequente restauração da ordem cósmica é a retificação ou redenção do mundo recém-criado. Depois que esses vasos que já haviam adquirido tanta luz se quebraram, o principal feixe de luz reacendeu em sua origem no céu e a luz restante desceu ao mundo onde hoje vivemos. É nosso dever recuperar esse mundo fragmentado devolvendo-lhe a harmonia, trazer a plenitude do mundo de cima aqui para este mundo, criando assim um alinhamento milagroso entre o céu e a terra. É dessa forma que trazemos o divino em sua santidade mística para nossas vidas. A santidade deve ser vivenciada em tarefas aparentemente insignificantes do dia a dia para que tenha significado. Devemo-nos lembrar de que Deus está sempre em busca de humanidade para realizar a união do temporal e do sagrado. É como se Deus não quisesse ficar só, pois Sua obra seria incompleta sem nós. A busca por Deus não é apenas uma inquietação nossa mas também de Deus. Não é um anseio exclusivamente humano.

Quando Adão e Eva se esconderam de Deus depois de partilharem do fruto proibido, Deus os chamou di-

---
[159] Gênesis 3:9.

zendo: "Onde estais?"[159].

Este chamado se faz presente em diversas passagens da Bíblia, nem sempre em palavras, mas repetidas vezes nos é transmitido de várias formas. Na verdade, estamos continuamente ouvindo a pergunta de Deus e sendo desafiados a encontrar nossas respostas.

À medida que continuamos com nossa respiração, o ponto no final da expiração se aprofunda conforme os músculos abdominais se estendem o máximo possível a cada inspiração. É essencial lembrarmos que a expiração é muito importante para nós, já que é nosso precioso instrumento para nos livrar da tensão. E com isso podem ocorrer sentimentos que foram reprimidos no corpo durante anos. Quanto mais profunda a expiração, mais passiva será a inalação. Entrar em sintonia com a respiração rítmica regular nos permite gradualmente alcançar nossa forma natural de ser, sentir a dádiva de estar vivo. Quando a respiração é disciplinada, nos recusamos a respirar como a maioria dos seres humanos; partimos do modelo coletivo e encontramos a essência única em nós.

Conforme continuamos, a sensação que temos ao final da expiração é a de que o abdômen foi sugado, é como se a gravidade ficasse maior a cada expiração, forçando cada vez mais para o centro da gravidade o *muladhara*. A cada respiração reunimos luz em nós, em nossas raízes, facilitando assim nossa própria redenção pessoal, bem como a redenção do mundo. A mudança em si sempre tem início no indivíduo e somente pelo esforço de cada um de nós é possível alcançar a consciência coletiva.

Atualmente, a ausência de raízes está amplamente disseminada em nossa cultura. Parece que somos todos dependentes de algo ou alguém para sobreviver. Estarmos fundamentados no *muladhara*, porém, envolve a capacidade de permanecermos sobre os nossos dois pés, sabendo que tudo o que acontecer em nossas vidas será sustentado não só por nós mesmos, mas também por algo maior do que jamais seremos. Estar no *muladhara* também envolve estar em contato com a *prima materia*, aquela essência misteriosa que forma a força vital. Todo o nosso trabalho, portanto, começa e termina no *muladhara*, na *prima materia*. De acordo com o místico judeu, rabino David ben Yeluda, o homem foi criado a partir do barro pelo oleiro que habita *Malkhut*, o chacra inferior. Aqui a *materia* apresenta inumeráveis possibilidades de formato. Ainda não nos tornamos o que Deus nos criou para ser, conforme a seguinte citação:

> Ela [*Knesset Yisrael* — a coletividade de Israel, uma entidade feminina às vezes igualada a *Shekhinah*] é chamada Oleira; assim como o oleiro que modela e cria vasos de barro, fazendo vasos largos ou estreitos sobre o torno, conforme está escrito: como barro na mão do oleiro, [assim vós na minha mão, ó casa de Israel] (Jeremias 18:6)[160].

Enquanto nos esvaziamos ao término de cada expiração, percebemos um vazio no vaso de cinco flores que é o sacro. Fazemos uma pausa, e inalamos a luz para o vaso de nossa própria realidade. Conforme somos preenchidos por uma luz dourada, o transcendente entra na região do sacro e começa a impregnar todo o nosso ser. No *Malkhut*, ou *muladhara*, como o estamos chamando aqui, a essência divina se realiza através da personificação da *Shekhinah* como vaso de barro, incorporando assim o criativo, a *prima materia*. A luz deve ser incorporada para gerar a criação.

Hoje em dia, muitas disciplinas espirituais encorajam

---

[160] David ben Yehuda ha-Hasid, *The Book of Mirrors*, citado em Freema Gottlieb, *The Lamp of God*, p. 299.

seus aspirantes a se distanciarem da vida, talvez para irem a um lugar quieto e meditar. No entanto, na tradição do misticismo judaico, o aluno é aconselhado a viver presente no mundo, na realidade da vida. Lembramos do conselho dos sábios antigos que nos antecederam e que sempre nos disseram para comer pão com sal (que simboliza a amargura que se pode encontrar no que é mundano), beber água com moderação, dormir no chão, levar uma vida recatada (no sentido de uma vida de reflexão), e estudar bastante[161]. Na verdade, não se pode ingressar no estudo da Cabala sem primeiro ter um fundamento da vida, um fundamento na realidade que, dizem, não pode acontecer antes dos quarenta anos. É fato que os sábios alertaram que somente os aspirantes com maior grau de estabilidade deveriam entrar no caminho da Cabala.

O mesmo se aplica ao ioga Kundalini. Os riscos desse caminho são elencados em um grande número de textos sobre ioga. É preciso manter uma relação com o corpo o tempo todo. Perder o elo com o nível físico é tanto desconfortável quanto potencialmente arriscado. O ego deve ser suficientemente forte para render-se a um poder superior. É com o despertar da serpente Kundalini que o ego se conscientiza de que existe algo maior do que ele. Torna-se consciente do Self.

---

[161] Consulte Perle Epstein, *Kabbala: The Way of the Jewish Mystic*, p. xvii.

7

O FOGO DA KUNDALINI

> Até onde podemos discernir, o único propósito da existência humana é acender uma luz na escuridão do mero ser.
>
> C. G. Jung, *Memories, Dreams, Reflections*.

Um antigo texto sobre ioga aborda a serpente Kundalini, que dorme na base da coluna:

> Existe um osso composto que forma uma ampla plataforma quádrupla [para a coluna vertebral]. Fica dois dedos acima do ânus e um dedo abaixo dos genitais. Sobre essa plataforma, posicionada atrás da região pélvica, encontra-se a Kundalini, enrolada três vezes e meia ao redor da *nadis*, como uma serpente com sua cauda dentro da boca, e bloqueando a entrada da *Susumna nadi*. Ali ela permanece adormecida, brilhando com sua própria luz; e guardando a junção crucial [do sacro e do final da coluna vertebral que tem forma de cauda] onde se localiza a Semente da Palavra[162].

Por milhares de anos já foram descritos diversos métodos para despertar a Kundalini. Embora se acredite que ela fica no *muladhara*, do ponto de vista de Jung a serpente Kundalini fica na região lombar logo acima do sacro[163]. Tenho certa inclinação a concordar com Jung, uma vez

---

[162] Siva-Samhita, versos 80-82, citado em Schyam Gosh, *The Original Yoga*, p. 86.

que ele coloca a energia Kundalini diretamente no ponto crucial da quinta vértebra lombar, a *quinta essentia*, onde reside uma enorme quantidade de energia, aguardando o despertar da consciência. Porém, um outro ponto de vista bastante difundido afirma que a serpente Kundalini dorme no *muladhara*, e a posiciona diretamente no centro do mundo do húmus, na fecundidade da terra.

Quando a Kundalini desperta, soa seu guizo e se endireita em posição vertical, produzindo intenso calor, que dizem queimar enquanto percorre a coluna. Podemos sentir esse calor, não só na Kundalini, mas em qualquer tipo de trabalho corporal em que, depois de trabalhar por um período num nível celular profundo, podemos sentir o calor de nosso corpo, que indica a ocorrência de uma profunda mudança. Nada pode transformar-se sem a presença do fogo alquímico. Quando vivemos no fogo de nossas emoções, no fogo da vida, algo se move em nós. Talvez seja algo velho que precisa ser eliminado, talvez algo novo e desconhecido esteja forçando o caminho com um brilho de energia apaixonada. No Oriente dizem que quando alguém se está comunicando com Deus, queima--se com o fogo do amor divino.

Sabemos que a serpente vive adormecida, enrolada três vezes e meia e bloqueando a entrada da abertura da *susumna nadi*[164]. Com o despertar da Kundalini, a coluna se endireita à medida que se forma o mundo instintivo.

À primeira vista, todo esse processo parece bastante simples. Mas não devemos tomar assim o processo de despertar da consciência. Voltando ao Axioma de Maria — "Um se torna dois, dois se tornam três, e do terceiro surge

---

[163] *The Visions Seminars*, p. 276.
[164] As *nadis* são os canais de energia no corpo sutil que conduzem a energia *prana*. Existem três *nadis* principais: *ida, pingala* e *susumna nadi* que serve como canal de ligação central com todo o sistema de chacras.

o um como quarto" —, lembramos que o quatro também é o um, o número da plenitude, da totalidade consciente. Como o quatro simboliza o cumprimento da realização da consciência e a meta do trabalho, sempre há hesitação, ou então o que posso chamar de ambivalência, envolvida na transição do três para o quatro. Como o inconsciente luta invariavelmente pela totalidade, sempre há uma certa inclinação em direção ao quatro. Lembrando que o objetivo final da análise é tomar consciência, verificamos repetidas vezes que em nosso caminho experimentamos um sofrimento que deve ser enfrentado com coragem e fé ilimitadas. É natural hesitarmos na jornada. É isso o que acredito que acontece entre o terceiro e o quarto, embora no final, repito, sempre haja uma certa inclinação pelo quatro, pela totalidade da consciência. Às vezes pode ser tentador relaxar e deixar a vida seguir seu próprio rumo, por assim dizer, em vez de encarar os problemas advindos da tomada de consciência.

Essa é a ambivalência presente entre o terceiro e o quarto que a serpente Kundalini incorpora. Ela fica enrolada três vezes e meia na *susumna nadi*, hesitante em começar a subida rumo ao consciente. Sendo assim, a serpente Kundalini simboliza uma aspiração pela totalidade que hesita e se detém pelo tempo necessário até ser o momento certo para começar sua escalada. A mente sempre tem seu próprio tempo.

Lembramos que tipologicamente sempre há uma deficiência na consciência caso a quarta função seja descartada. O três se caracteriza por uma inconsciência da função inferior. Isso é visto na rejeição do corpo apregoada pela tradição judaico-cristã. A função inferior é a função menos consciente e, portanto, não fica claramente à disposição da mente consciente. Por essa razão a função inferior não pode contar só com o ego, está inerentemente ligada ao Self. Como jamais consegue tornar-se totalmente consciente, a função inferior parece ficar sempre atrás das outras três. Essa afirmação é crucial para entender o trabalho corporal. Como a maioria de nós considera o corpo inferior, especialmente os intuitivos, podemos ver claramente que, como o corpo é na verdade mais lento do que a mente em termos de transformação, é assim que ele deve ser tratado. Portanto, frequentemente é necessário dar mais atenção ao corpo do que à mente, pelo menos para que ele tenha uma chance de acompanhá-la.

Se estivermos de fato *centrados* em nossos corpos, haverá uma tendência a nos sentir impelidos a permanecer inconscientes e ao mesmo tempo sentimos uma tremenda necessidade que nos impele à consciência. Nesse estado adormecido, o três e o quatro permanecem em conflito até que a força vital surja, capaz de transpor a situação para um novo patamar. A serpente sempre representa um novo risco já que ela personifica nosso passado, tanto de forma pessoal quanto coletiva. O ponto mais arriscado, porém, é quando a serpente alcança a coroa da cabeça em sua subida, e ali reside um risco muito real de unir-se ao espírito e abandonar o corpo. É principalmente por essa razão que eu defendo unicamente o tipo de ioga que discuto aqui ou outro semelhante, em que a ligação com a terra seja indispensável. Aí então poderemos permanecer no corpo enquanto abraçamos a numinosidade do espírito, permitindo assim, como Jung repetiu diversas vezes, uma completa renovação da personalidade.

A flutuação entre o três e o quatro ativa a energia que se move continuamente entre os mundos espiritual e físico, sendo que o três representa o número do masculino e do Espírito Santo, e o quatro, o feminino. As serpentes são associadas ao feminino, devido a sua ligação com a terra. Seus movimentos rítmicos ondulantes, bem como sua capacidade de trocar de pele periodicamente, mantém-na ligada às mudanças cíclicas da lua. Ao se desfazer de sua pele, a serpente manifesta seu potencial de transformação pelo ciclo contínuo de nascimento, morte e renascimento. Ao escolher o caminho rumo à consciência, a serpente Kundalini parece de uma forma misteriosa ser dotada de um conhecimento místico que permanece incompreensível ao conhecimento humano. Quando lembramos a expulsão do Paraíso no Jardim do Éden, verificamos que a serpente é o poder que está por trás do desenvolvimento da consciência. Por fim, a serpente Kundalini está *in potentia* enquanto dorme, esperando o chamado do divino. A serpente Kundalini está espiritualmente *incorporada*.

Outro texto afirma que, quando a serpente dorme, "como que entorpecida por um veneno", a Kundalini se identifica com a mortalidade humana e com a escravidão da ignorância[165]. Falando em termos subjetivos, ocorre uma paralisia, o sêmen fertilizante criativo é retirado, e ganha espaço a Medusa. Estando sob influência do veneno da mãe negativa, se faz presente uma tentação de permanecer criança e negligenciar o crescimento que a consciência exige. Como Sibylle Birkhäuser-Oeri explica, o veneno é a arma mais usada pelas mulheres enquanto os homens geralmente atacam os inimigos abertamente. Os efeitos do veneno são invisíveis e traiçoeiros[166]. Quando o corpo está inconsciente, também pode permanecer sob influência de substâncias venenosas que resultarão em doença caso as toxinas não encontrem um meio de sair do corpo. Ligar-nos à energia Kundalini que está dentro de nós é algo que nos alinha à mãe positiva que nutre e dá vida, e que simplesmente se alegra muito por estar viva.

---

[165] Lilian Silburn, *Kundalini: Energy of the Depths*, citado em David Gordon White, *The Alchemical Body*, p. 219.
[166] *The Mother: Archetypal Image in Fairy Tales*, p. 37.

Uma lenda indiana nos conta sobre Matsyendranath, um herói que teve sua força vital esgotada como punição por anos de deboche e que foi condenado a morrer em três dias se sua esposa não o conseguisse despertar, em outras palavras, despertar sua Kundalini[167].

A serpente era sagrada para Esculápio, o deus grego da medicina. Sua ligação com a serpente é mais uma vez associada ao feminino, e muitas mulheres sem filhos iam em busca de seus conselhos. As mulheres se reuniam em seu santuário em um belo vale para buscar ajuda. Como fazia Jacó, as mulheres iam dormir em um local sagrado e em seus sonhos eram visitadas por uma serpente que supunham ser Deus. Os filhos dessas mulheres, nascidos depois de elas passarem por isso, eram considerados filhos de Esculápio. Aparentemente ele assumia a forma de uma serpente para ficar mais próximo da terra e mais acessível às doenças que tratava[168]. Na obra *Mistérios Eleusinianos*, os iniciados tinham de beijar uma cobra, simbolizando a união com o princípio da terra, com o húmus[169].

A serpente Kundalini evoca o aspecto húmus da matéria onde encontra o espírito, como a noiva encontra o noivo. Na mitologia egípcia, a serpente era considerada valiosa se tivesse a cabeça erguida, enquanto serpentes malignas rastejavam sobre a terra. É habilidade exclusiva da serpente Kundalini agir como veículo de transformação através do repentino aumento de calor e luz que penetra a escuridão da matéria. À medida que a Kundalini aguarda, o deus ou a deusa, Shiva e Shakti, estão adormecidos, entrelaçados em um estado de simbiose, apanhados na inconsciência da matéria. Eles são inexperientes; ainda

---

[167] White, *The Alchemical Body*, p. 219.
[168] M. Oldfield Howey, *The Encircled Serpent*, pp. 92 e 93.
[169] Gotthilf Isler, *"The Kiss of the Snake"*, p. 13.

não viveram. Conforme mencionei anteriormente[170], os deuses nunca experimentaram a realidade, uma vez que nunca tiveram corpo. É somente através de experiências vividas *estando no corpo* que se pode obter libertação da escravidão dos nossos complexos.

Christiana Morgan, cujas visões e desenhos formaram a base do *Vision Seminars* de Jung, desenhou a imagem de um homem e de uma mulher deitados juntos dentro de um útero, cercados pela imagem circular de uma cobra (Figura 21). Aqui o masculino e o feminino se encontram em um estado pré-consciente que se assemelha à condição de Shiva e Shakti antes de Shiva ter iniciado o nascimento para a consciência. Essa é a condição da *prima materia* no início onde todas as possibilidades e mistérios da vida ainda têm de ser descobertos. O casal se encontra cercado por uma cobra que fica na base da coluna, aguardando a entrada na vida.

Recorrendo à imagem de um outro paciente de Jung, (Figura 22), podemos ver que o número quatro se formou no círculo mais interno que foi dividido em quatro partes, fornecendo assim a iniciativa para a serpente tentar sair de sua condição e passar para novos territórios. Jung observa que as setas que ficam fora do círculo apontam para fora, e isso demonstra a direção em que a cobra está tentando seguir. Essas duas imagens nos dão claras noções da condição adormecida da serpente Kundalini e a consequente tentativa de deixar o estado inconsciente e aspirar pela totalidade.

Para ativar a energia latente na Kundalini, acredito serem necessários dois elementos. Primeiramente, Shiva deve acender o fogo que dá início a todo o processo e impele a Kundalini a se erguer e começar a se movimentar.

---

[170] Veja p. 52 deste livro.

A Kundalini é despertada por uma faísca que se forma no *muladhara*, o domínio dos instintos. É o fogo que traz o espírito para a matéria, o fogo da luz nos recessos obscuros do chacra da raiz. A força vital começa a ser ativada através da respiração, a faísca de vida que traz consciência à vida instintiva. A vermelhidão se transforma em um vermelho brilhante que emite faíscas impulsionando a Kundalini para o chacra da coroa, a *quinta essentia* do espírito.

Em segundo lugar, deve-se acumular energia suficiente nessa área lombar do *muladhara* para despertar a serpente. Isso acontece por um "represamento" da energia, conforme mencionado na obra *O Segredo da Flor de Ouro*[171]. Quando algo entra para encerrar o fluxo natural da energia no corpo, a energia se acumula até que o polo oposto se forme causando uma reversão no fluxo de energia em direção à sua fonte. É o que acontece em última instância com a Kundalini, de modo que quando energia suficiente já foi armazenada, a energia da serpente começa a subir.

A questão permanece a seguinte: como reunimos a energia? Os textos sobre *hatha yoga* prescrevem uma combinação de posturas (*asanas*) bem como técnicas específicas de respiração, todas destinadas à imobilização e retenção da respiração que provocariam a ascensão da Kundalini. Não é possível discutir todos os métodos aqui, mas podemos dizer que, quando temos uma relação consciente com a respiração, algo pode acontecer. O que estamos fazendo também traz o foco da consciência interior, permitindo que tudo e todos se reúnam e sejam elaborados no vaso alquímico do nosso corpo.

Especificamente, a inalação sempre permanece passiva, recebendo assim a energia impregnada com *prana*, a manifestação externa da força vital.

---

[171] Richard Wilhelm, trans. *O Segredo da Flor de Ouro*, p. 15, nota 1.

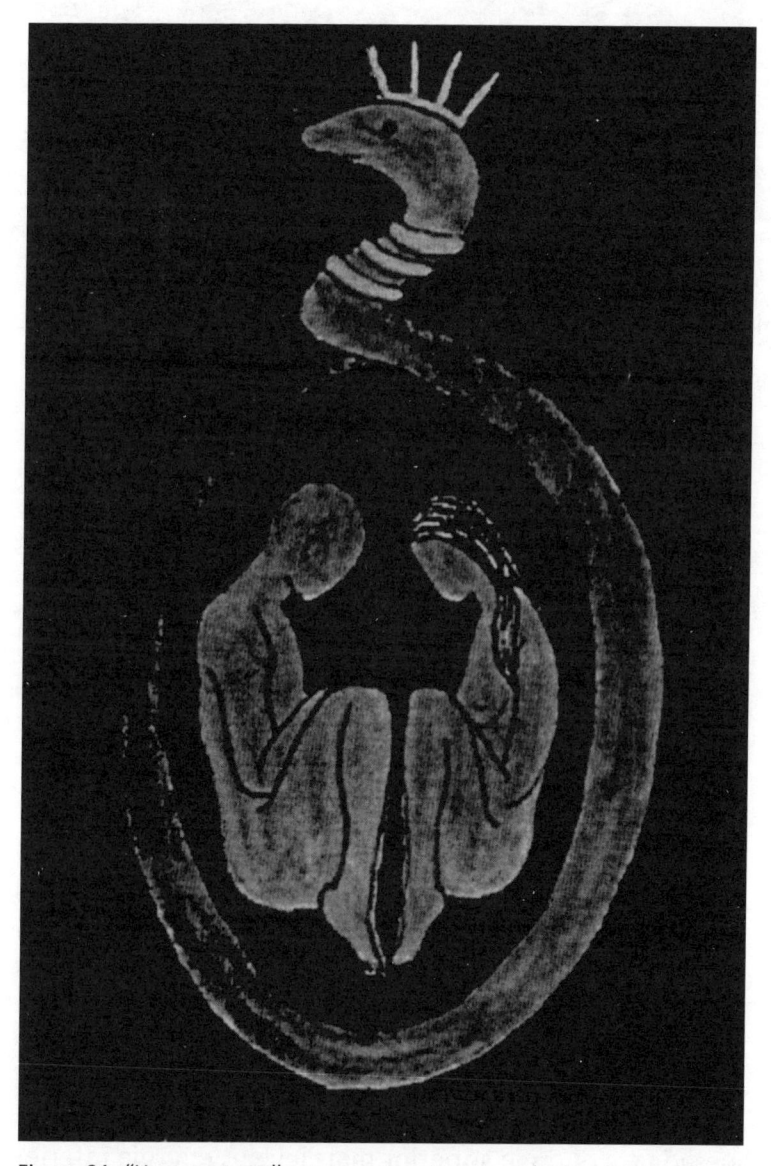

Figura 21. "Homem e mulher como se estivessem dentro de um útero e uma serpente enrolada em torno deles."

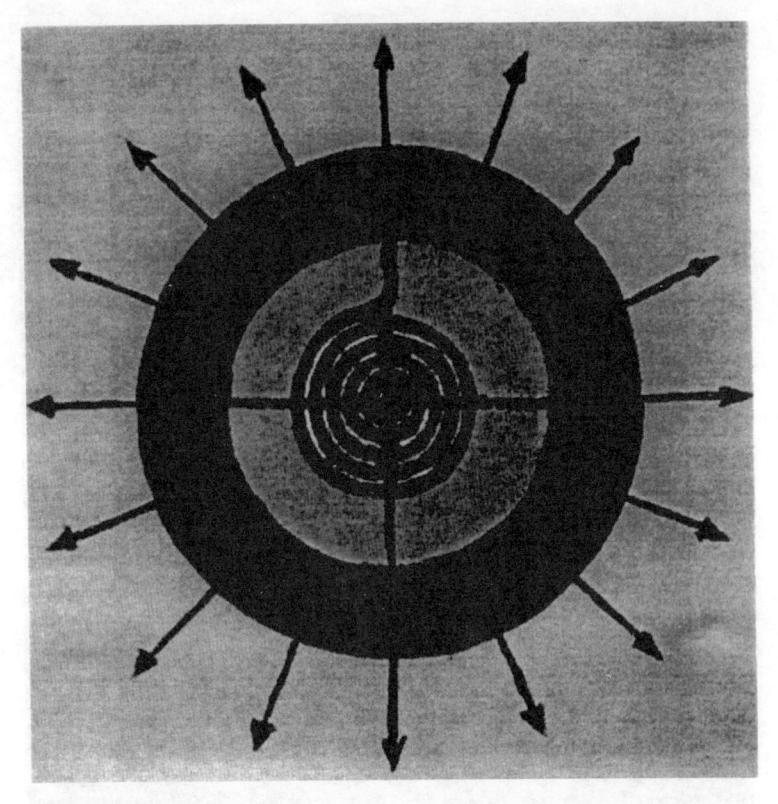

Figura 22.

Cada vez que exalamos até a região do sacro, parte da respiração é armazenada, acumulando energia para nos prepararmos para a respiração seguinte. Dessa forma, a respiração se aprofunda, atingindo o nível celular mais profundo, onde a transformação pode ocorrer no nível arquetípico. Quando a direção do fluxo da energia se inverte, formam-se fontes opostas de energia. A meta final será unir esses pares de opostos, a energia inferior mais pesada e a energia superior mais leve. A energia inferior que flui para trás nos liga à matéria, e a energia superior, mais leve, ao espírito. O espírito e a matéria podem unir-se novamente em uma harmonia gloriosa.

Uma das *asanas* básicas no ioga é a posição de árvore, ou seja, ficar sobre uma perna depositando todo o peso do corpo sobre o pé que permanece no chão. Trata-se de uma postura muito importante para nós, porque, sendo uma das posições de equilíbrio em pé, nos ajuda a recuperar nosso centro e nos dá o sentimento de sermos sustentados por nossas pernas e pés. Não é fácil equilibrar todo o peso do corpo sobre uma perna e depois sobre a outra, para que, ao retornar para a *tadasana*, uma sensação de vida nas pernas traga uma enorme sensação de estabilidade interior. Ao tornar-se uma árvore, idealmente o indivíduo descansa, permanecendo interiormente quieto. Logo que o movimento cessa, os opostos se equilibram um em relação ao outro, produzindo harmonia interior. Christiana Morgan descreveu essa visão para Jung (Figura 23)[172].

Em sua visão, ela se havia transformado em uma árvore. Seus pés se tornaram raízes, seu corpo era o tronco, e seus braços eram galhos que subiam em direção ao sol. Sua jornada rumo ao consciente havia começado. Ela havia incorporado a imagem de uma árvore ao seu corpo.

Louise, a mulher que sonhou que comia um rato verde[173], teve uma visão semelhante durante uma sessão de trabalho corporal que fizemos juntas. Depois de um exercício de visualização que envolvia tentar trazer luz para dentro do corpo, ela descobriu que a luz não descia além de seu joelho direito. Naquele momento pedi que ela colocasse uma imagem positiva na região bloqueada[174] e, de repente, apareceu uma árvore e começou a empurrar a perna para além de seu comprimento normal. Sentiu como se uma árvore inteira estivesse crescendo dentro de sua perna direita e logo começou a se desenvolver

---
[172] *The Visions Seminars*, p. 248.
[173] Veja p. 128 deste livro.

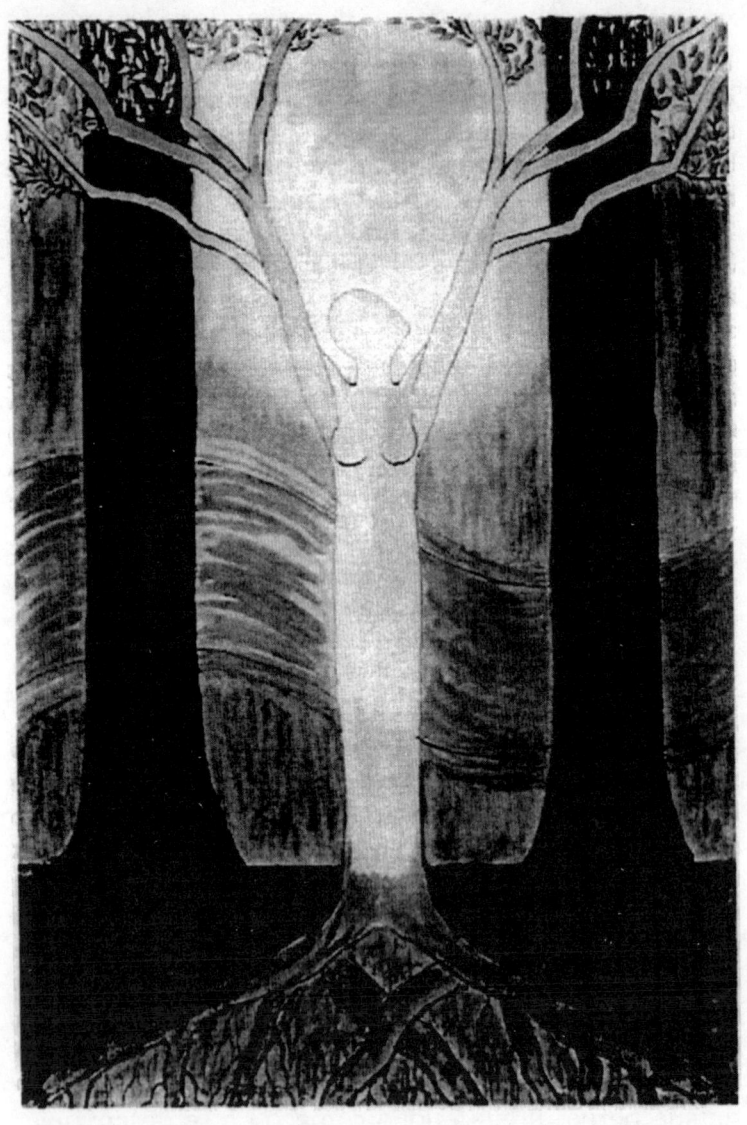

Figura 23. "Eu sabia que me havia tornado uma árvore e ergui meu rosto em direção ao sol."

adquirindo forma e ganhando vida própria. Depois dessa extraordinária experiência, Louise descobriu que sua energia criativa pulsava completamente renovada. Ela me diz que geralmente, quando está respirando no chão, a árvore surge espontaneamente, trazendo nova energia criativa.

A árvore é a *quinta essentia* da união entre os opostos, dos âmbitos superior e inferior, espírito e matéria. A árvore incorpora os opostos de céu e terra. As árvores recebem seu alimento tanto de baixo quanto de cima, da luz do sol e da água contida na terra. O ponto em que Louise conseguiu se tornar árvore demonstra que se estava aproximando de sua própria essência. Afinal, nenhuma árvore é igual a outra; todas elas simbolizam a singularidade individual.

Há muitas lendas sobre seres humanos que nascem de árvores. As árvores também nos ligam à morte; terminaremos nossa vida dentro de uma árvore se escolhermos ser sepultados em um caixão. As árvores possuem uma maravilhosa natureza dual. Por ser o feminino, dão à luz, mas também podem ser fálicas, conforme mostra o retrato alquímico de Adão com a árvore crescendo de seu corpo como um pênis (Figura 24).

A árvore nos enraíza fortemente à terra e nos liga ao *muladhara*, à nossa capacidade de sobreviver por nós mesmos. O que as plantas e as árvores têm a nos ensinar é sua autonomia, pois são os únicos seres vivos capazes de existir completamente por si sós. Quando nos tornamos uma árvore, entramos em um lugar silencioso repleto de confiança, sabendo quem somos agora e quem podemos nos tornar. O silêncio é o segredo de todas as posições de ioga. Ao ficarmos absolutamente imóveis, vivenciamos a

---

[174] Isso segue o trabalho desenvolvido por Woodman, Skinner e Hamilton em "ritmos de corpo-alma", conforme mencionei no capítulo 3.

perfeição da respiração como transformadora do corpo sutil à medida que a Kundalini é ativada. O despertar da Kundalini não é simplesmente a estimulação de uma força dormente em nosso interior, conforme explica Gopi Krishna:

> A estimulação da Kundalini, em seu sentido verdadeiro, não implica simplesmente a atividade de uma força dormente prévia, mas na verdade o início de uma nova atividade mudando todo o sistema para adaptá-lo a um novo padrão de consciência através da mudança da composição da bioenergia ou da força vital sutil que permeia o corpo todo[175].

Quando nos tornamos uma árvore, nos entregamos a uma lei fundamental que governa o crescimento de todas as plantas: todas crescem em forma de espiral. A espiral nos puxa em duas direções simultaneamente, de volta ao útero do passado e ao mesmo tempo adiante, ansiando por nos reunir ao divino. Cada respiração que completamos se transforma em si mesma constantemente expandindo e contraindo à medida que inspiramos e expiramos. Tudo o que se expande deve contrair-se, e vice-versa. A palavra sânscrita *Kundalini* significa literalmente "de natureza espiral", o que significa diretamente um espiral duplo que se movimenta para cima e para baixo em movimento constante. Etimologicamente, o *i* longo acrescentado ao adjetivo sânscrito *kundalin*, que significa "circular, espiral, enrolado, sinuoso", forma um substantivo feminino que significa "cobra", fazendo referência à figura da serpente fêmea enrolada, a deusa Kundalini[176]. Essa espiral dupla consiste de duas *nadis*, *ida* e *pingala*, que significam Sol e Lua, respectivamente, que juntas formam um oito em

---
[175] *Living With Kundalini: The Autobiography of Gopi Krishna*, p. 35.

Figura 24. Adão como *prima materia*, atingido pela flecha de Mercúrio. A *arbor philosophica* cresce nele.

torno da *nadi susumna* central. A *susumna* é a própria Kundalini em todo o seu esplendor, solitária como uma viúva[177], como o *muladhara*. Tornamo-nos a espiral à medida que essas energias feminina e masculina se reúnem pela respiração.

A Kundalini começa nas raízes, na região *muladhara* do sacro e se move em direção à "lótus de mil pétalas" (*sahasrara*) no topo da cabeça. Paradoxalmente, nascemos de ambos os polos desse eixo central, do útero da mãe eterna e da semente do pai divino. A espiral, que não tem começo nem fim, sempre retorna à sua fonte. De seu polo oposto, a fonte de energia é capaz de ver e refletir-se de longe, tomando consciência de si. Desse modo, o céu e a terra se separaram e geraram a luz da consciência. É nosso dever como seres humanos agir como elo entre o céu e a terra, entre os mundos divino e humano. Uma forma de fazermos isso é através da prática do ioga, unindo corpo e mente em harmonia gloriosa. A posição de árvore, entre outras, nos alinha ao eixo do mundo.

A Figura 25 oferece uma excelente representação da jornada da Kundalini. Devemos notar que existem apenas seis chacras aqui, comparados com os sete normalmente expostos, o número que geralmente consideramos como sistema de chacras completo. O sétimo chacra não pertence, falando estritamente, ao sistema em si; em vez disso é o local em que a consciência atinge um estado transcendental e, portanto, frequentemente é incluído no sistema de chacras. Os textos antigos afirmavam que, se a força energética flui livremente e sem obstáculos, ela fica disponível para sair pelo topo da cabeça e unir-se ao divino. É como se essa energia quase pulasse da coroa da

---

[176] Veja p. 131 deste livro.
[177] *Hatha Yoga Pradipika: Light on Hatha Yoga*, cap. 3, verso 110, p. 381.

Figura 25. O fluxo da energia Kundalini.

cabeça com a alegria de unir-se ao divino. No entanto, sempre haverá uma parte dessa energia que permanecerá no corpo e forçará novamente a descida, unindo-se ao mundo do húmus. Somente na hora da morte é que toda a energia deixa o corpo e atravessa o véu do outro mundo.

Também podemos encontrar a Kundalini na imagem das duas serpentes que cercam o caduceu de Esculápio, o símbolo moderno da cura. Hans Holbein pintou essa imagem de duas serpentes com uma pomba pousada entre elas no topo. A pomba está ali para equilibrar o forte poder do húmus nas duas serpentes enroscadas (Figura 26). Esse desenho não é muito diferente da imagem alquímica discutida anteriormente, em que uma águia é vista acorrentada a um sapo[178].

Outro retrato típico da Kundalini é com asas no topo, simbolizando um "brilho alado" que se supõe pertencer apenas àqueles que atingiram um delicado equilíbrio entre as forças opostas das duas serpentes (Figura 27). Essas asas são consideradas os lóbulos da medula, as pétalas do chacra do terceiro olho, cuja visão da união do corpo e da alma foi realizada pela prática[179]. Na alquimia, a alma evolui pelo desdobramento de duas energias sutis, o enxofre e o mercúrio, transmitindo a noção das duas respirações de *ida* e *pingala* no corpo sutil. Juntas são denominadas Natureza, consequentemente se diz repetidas vezes: "A Natureza se encanta com a Natureza; a Natureza contém a Natureza; e a Natureza pode superar a Natureza"[180]. Essas energias foram consideradas as duas serpentes que se enrolavam em torno do caduceu, invocando Mercúrio, o poder da cura pelo qual a transformação ocorreu (Figura 28).

---

[178] Veja p. 59 deste livro.
[179] Jill Purce, *The Mystic Spiral*, p. 25.

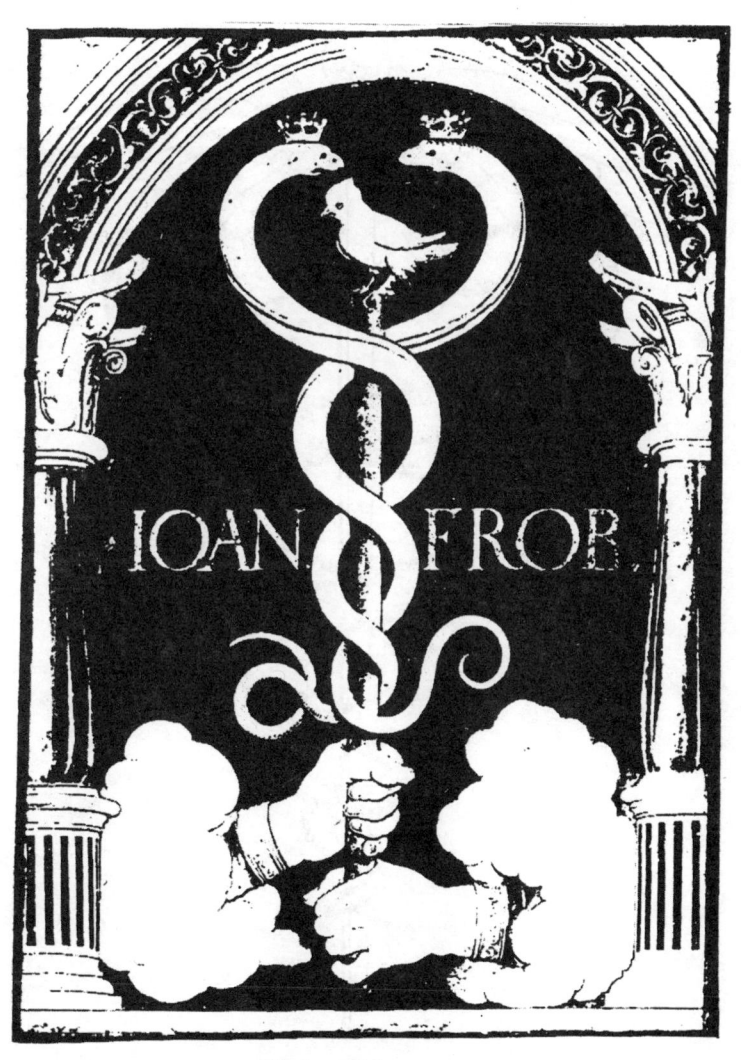

Figura 26. *Caduceu,* por Holbein, 1523.

Figura 27. Caduceu.

À medida que a Kundalini percorre seu caminho ascendente em dupla espiral, perfura cada um dos seis chacras, abrindo assim a energia pela coluna. Cada chacra é um centro de energia que, assim como todas as mandalas, é um mundo em si. William Hauer definiu os chacras como "símbolos da experiência de vida, eles revelam o verdadeiro significado interno de uma experiência, para ajudar a entender e interpretar espiritualmente o que você viveu"[181].

A luz circula incessantemente na eterna busca pelo centro de cada chacra. É o processo de movimento circular que nos leva de volta à *prima materia* original, a fonte criativa interna. Jung diz:

> A roda do oleiro gira e produz vasos de louça ("terra") que figurativamente podem ser chamados de "corpos humanos". Sendo redonda, a roda refere-se ao self e à atividade criativa em que se manifesta. A roda do oleiro também simboliza o tema recorrente da circulação[182].

Como por um milagre, pela formação da *prima materia*, assim que a luz interior é descoberta todo o chacra começa a girar sozinho. Na obra *O Segredo da Flor de Ouro*, diz-se que o mais importante para alcançar a circulação da luz é a respiração rítmica[183]. Uma luz positiva traz a incorporação da consciência. Conforme o foco da consciência se torna mais e mais concentrado, o centro de cada chacra se torna mais distinto e mais consciente, permitindo-nos relacionar-nos com ele de forma clara. Cada chacra tem

---

[180] Citado em ib., p. 42.
[181] *Yoga, Especially the Meaning of the Chakras*, citado em Jung, *The Psychology of Kundalini Yoga*, p. 3, n. 2.
[182] "Individual Dream Symbolism in Relation to Alchemy", *Psychology and Alchemy*, o. r. 12, par. 281.

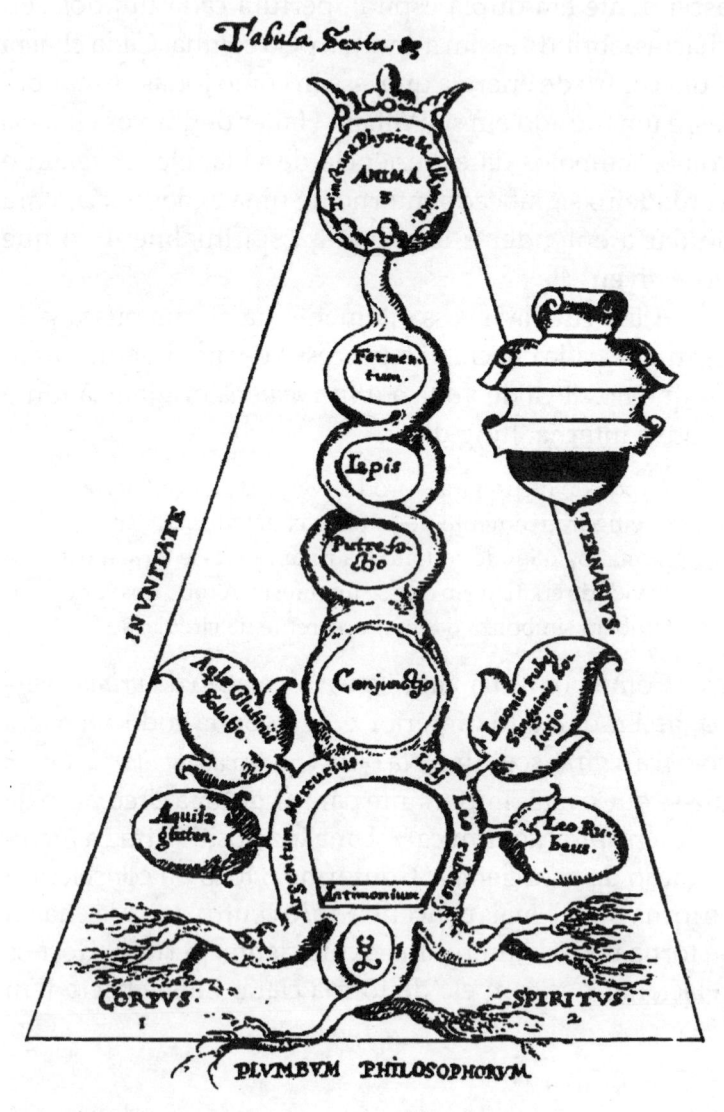

Figura 28. Evolução da alma no *magnum opus* da alquimia.

em si a capacidade de desenvolver uma nova parte da personalidade em um vaso fechado, correspondente à sua posição na coluna. À medida que a energia se eleva, a consciência se intensifica.

Jung afirma que a verdadeira consciência só começa em uma *anahata*, o coração do chacra[184], que significaria que os chacras inferiores são o inconsciente. Não concordo com Jung nesse aspecto. Mais uma vez, sinto haver ênfase demais no motivo para a ascensão. As pessoas geralmente pensam no sistema de chacras somente como um movimento ascendente de energia em direção ao divino. Talvez não desejem a ligação com a terra; pode ser muito desconfortável viver na realidade da vida. Muito pouco se disse a respeito do que acontece com a energia quando ela retorna à terra. Gopi Krishna informou que a energia Kundalini viajava para baixo depois de seu despertar[185]. Fundamentar-se no *muladhara* promove um senso de consciência que leva o corpo à consciência.

À proporção que a Kundalini sobe a coluna tocando cada chacra, a energia é levada de um chacra para o superior seguinte, cercando e absorvendo a energia do que fica abaixo. Assim, quando a Kundalini sai do *muladhara* para o chacra seguinte, *svadhisthana* (localizado na região dos órgãos sexuais e identificado com a água), o elemento terra é reabsorvido e cercado pelo elemento água. De forma semelhante, no momento seguinte a água é reabsorvida no fogo, *manipura* (na região do umbigo); fogo em ar no chacra *anahata* (na região do coração); e ar em éter no chacra *visuddhi* (localizado na garganta)[186].

---

[183] Wilhelm, *The Secret of the Golden Flower*, p. 44.
[184] *The Visions Seminars*, p. 1232.
[185] Judith Anodea, *Wheels of Life*, p. 68.

Os chacras também são chamados lótus, e simbolizam o desdobramento das pétalas das flores à medida que cada chacra se abre. A flor de lótus é sagrada na Índia e representa o desenvolvimento a partir da *prima materia*, até a total luz da consciência, que, espelhando o *muladhara*, se desdobra na flor de lótus de mil pétalas na coroa. Os chacras, assim como as flores, podem estar abertos ou fechados, florescendo ou morrendo, dependendo do estado de consciência interior. Dizem os textos antigos que, conforme a Kundalini sobe a coluna, perfura e libera cada flor de lótus que então vira sua cabeça para cima enquanto ela passa. Isso significaria que sempre há uma correspondência entre um lótus virado para cima e outro virado para baixo, exceto no *muladhara* antes do despertar da serpente e na *sahasrara* antes do início da descida. É importante perceber que toda a ascensão da serpente Kundalini está contra o fluxo descendente normal de fluidos corpóreos que seguem a gravidade; é esse movimento de energia contra a natureza que traz libertação aos iogues.

Quando a energia Kundalini atingiu seu objetivo e chegou à coroa da cabeça, *sahasrara*, ela não permanece ali simplesmente em seu ponto de descanso final. Há, em vez disso, uma tendência natural de a Kundalini retornar à sua fonte, acompanhando o fluxo da gravidade. A energia permanece na *sahasrara* pelo tempo que o iogue conseguir manter a concentração. No entanto, de acordo com a *enantiodromia*, sempre haverá uma tendência de a energia retornar à sua fonte original, o *muladhara*, a raiz de toda vida.

Devemos ter sempre em mente que, quando energia suficiente se acumula, ela vira e flui para o seu oposto.

---

[186] White, *The Alchemical Body*, p. 208.

Esse processo de reversão é necessário para evitar a unilateralidade. Essa razão de descida segue a antiga jornada ritualística que leva ao submundo onde a noite escura da alma deve ser confrontada em busca da totalidade. Durante a subida da luz no sistema de chacras, há uma ascensão da consciência. De modo semelhante, durante a descida, as impurezas são gradualmente liberadas, permitindo que ocorram uma limpeza e liberação que trazem renovação a cada vez. À medida que as impurezas são eliminadas, começa todo o processo novamente, mas em um nível mais elevado, que traz a renovação da consciência. Os místicos quase sempre demonstraram essa descida em forma de espiral; o mundo foi criado ao se trazer o céu até a terra na encarnação da matéria unindo o céu e a terra em *coniunctio*.

Em diversas tradições do mundo existe a imagem de uma árvore de cabeça para baixo, o que, em termos iogues, espelha cabeça e ombros em posição invertida. Ao manter a posição contrária à gravidade, desenvolve-se uma relação mais estável com o eixo central da coluna, promovendo um senso de bem-estar equilibrado e energia tanto para o corpo quanto para a mente. Posições invertidas são excelentes para corrigir desequilíbrios bem como para restaurar a energia natural em fases de depleção. Elas sempre ajudam a trazer um novo ponto de vista para um complexo, e frequentemente permitem enxergar um ponto de vista totalmente novo. Essa imagem de cabeça para baixo se encontra em várias representações da árvore invertida nos Upanishads, por exemplo, bem como no seguinte verso do *Bhagavad Gita*:

> Há uma árvore santa,
> a figueira-de-bengala,
> com os galhos para baixo
> e as raízes para cima.

Suas folhas são os mantras:
Quem conhece essa figueira
é conhecedor dos Vedas.

Os galhos dessa figueira
vão para cima e vão para baixo
nutridos pelos três modos.
Os seus brotos e rebentos
são os objetos sensíveis.
Essa árvore também tem
raízes que vão para baixo,
que são presas às ações
da sociedade humana
com o fim de desfrutar.

Na verdade é necessária uma mudança de atitude. No *Hatha Yoga Pradipika*[187], aprendemos que os benefícios das posições invertidas têm a ver especialmente com a reversão do fluxo de um fluido específico do centro do cérebro. O sêmen se transforma em ambrosia, o néctar divino da imortalidade, quando a posição vertical natural do corpo é revertida. As raízes passam então a ocupar o âmbito divino, permitindo que os fluidos retornem à cabeça livre de tensão (Figura 29), efetuando a total integração iogue, uma reversão do tempo que evoca a presença imortal que existe em nós. O sêmen se transforma no néctar da imortalidade à medida que sobe à *susumna nadi*.

A principal força por trás da transformação do sêmen mundano (conforme é chamado na alquimia tântrica) no néctar divino da imortalidade e da mente mundana para um estado que vai além é pneumática. É o vento que oferece o elemento dinâmico que, em forma de respiração disciplinada, desempenha um papel transformador crucial no sistema do hatha ioga. É através do *pranayama*

---

[187] O *Hatha Yoga Pradipika* foi escrito na Idade Média e está relacionado aos exercícios físicos, técnicas de respiração e de limpeza como meios de purificar o corpo a caminho da transcendência.

O FOGO DA KUNDALINI ♦ 171

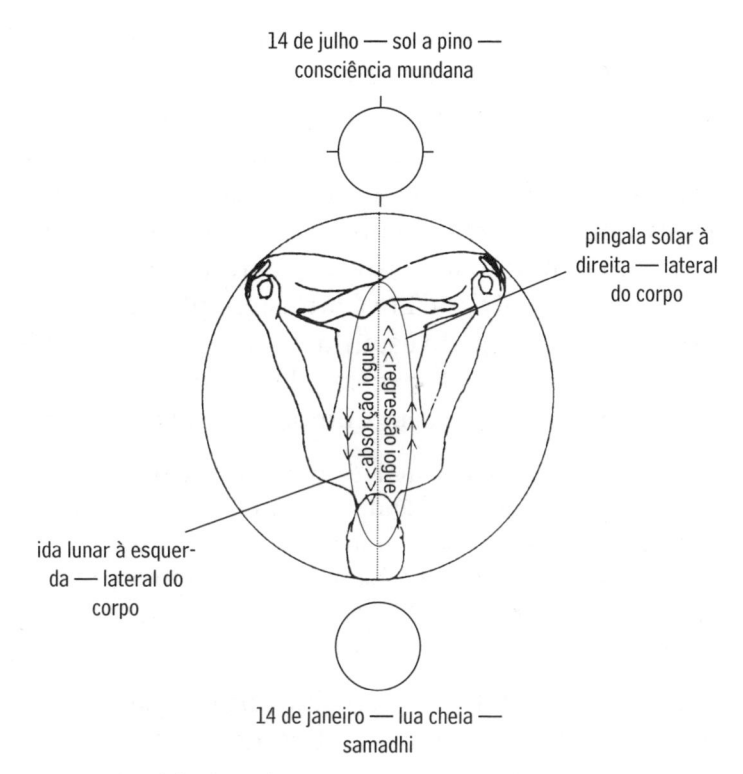

**14 de julho — sol a pino —
consciência mundana**

pingala solar à
direita — lateral
do corpo

<<<regressão iogue
<<<absorção iogue

ida lunar à esquerda — lateral do corpo

**14 de janeiro — lua cheia —
samadhi**

Figura 29. Modelo iogue do ano.

(controle da respiração) que os canais se abrem tanto para a subida quanto para a descida de energias. Em vez de simplesmente descer, quando o sêmen é revertido os fluidos são forçados para cima em direção à abóbada craniana onde, mantidos pela gravidade, se unem no chacra *sahasrara* com o divino na transformação do corpo sutil.

Existe certo preconceito em nossa cultura com relação à abordagem vertical da vida, em detrimento da realidade corporal. Devemos lembrar sempre que existem dois eixos, o vertical, que representa o espírito, a perfeição e a ânsia por Deus, e o horizontal, que descreve a relação do ego com a realidade através da experiência corporal. Os pintores renascentistas enfatizavam o corpo horizontal e o contato com a terra. Essa mudança trouxe ênfase à realidade da vida diária e uma ligação com a Mãe Terra. A ênfase no horizontal surgiu quando as pessoas começaram a entrar em contato com a realidade da vida e com o mundo instintivo. A matéria, ou mãe, era a preocupação da época. Em contraste, o período gótico representou o desejo de espiritualização, que na arquitetura se apresenta sob a forma de espirais alongados subindo em direção ao céu. Conforme Jung escreveu:

> É como se as grandes alturas do período gótico estivessem desmoronando, caindo por terra, e como se o homem estivesse buscando ao redor, em vez de buscar em cima. A energia não era mais acumulada, se estendia horizontalmente; foi então que o homem descobriu a terra[188].

No vasto âmbito do trabalho corporal disponível atualmente, é irônico que o âmbito horizontal seja frequentemente negligenciado. Quando vivemos na realidade, vivemos em um corpo que naturalmente, caso tenha meia chance de fazê-lo, aceita sua própria altura e largura, que toma forma organicamente quando a respiração começa a fluir conscientemente. De repente experimentamos o que é viver em um corpo capaz de se alegrar por estar vivo. A confiança se desenvolve a partir do menor núcleo de crescimento. Muitos de nós, ao tentarmos inconscientemente ser o mais imperceptíveis e menores possíveis, encurtamos e desmoronamos interiormente, não só na direção vertical, mas também em largura. O colapso interior frequentemente está relacionado a sentimentos terríveis de vergonha em relação a

---

[188] *The Visions Seminars*, p. 549.

quem somos no mundo. Essa postura serve somente para restringir nosso aparelho respiratório, impedindo-nos de estar totalmente presentes na vida, impedindo assim que utilizemos todo o nosso potencial físico e criativo. Consome-se uma grande quantidade de energia em um gigantesco esforço para respirar, mas de uma forma totalmente antinatural. As costelas devem estar livres para se expandir e contrair acompanhando a respiração. A caixa torácica não é uma estrutura rígida e inflexível como muitos de nós aprendemos, mas uma estrutura que acompanha o movimento a cada respiração. Na verdade, a respiração movimenta muitas juntas que compõem a caixa torácica de uma forma complexa. Falando em termos gerais, as costelas superiores movimentam-se para cima e para baixo como uma alavanca, enquanto as costelas inferiores se movimentam para cima e para baixo em um movimento circular. Quando nossos movimentos estão limitados, nossas possibilidades de atingirmos a plenitude também estão. Fomos criados pela natureza para existir como uma estrutura anatômica quádrupla. Como seres humanos incorporamos uma totalidade superior pela união dos âmbitos divino e humano.

 Simon, um jovem de vinte e cinco anos, veio consultar-se comigo há alguns anos reclamando de falta de sentido em sua vida. Embora fosse um universitário que se destacava, não tinha bem certeza se, depois de se formar, queria de fato trabalhar na área em que estava estudando. Simon é um rapaz muito alto e bastante magro. Ele costumava relatar sonhos com criaturas do espaço, carros destroçados e assim por diante, e todas as imagens eram símbolos de uma inabilidade de estar na terra. Seu biotipo como herança genética só agravava o problema, mas, além disso, Simon desenvolvera uma postura muito rígida que ia contra a força da gravidade; assim, ele não tinha flexibilidade, tanto mental quanto física. Sua rigidez o fez colocar suas ideias em caixas muito estreitas, sufocando sua criatividade; e era com essa atitude que ele ia vivendo.

Como Simon não era firmado no *muladhara*, sofria de prostatite severa, um sintoma bastante incomum para um rapaz na faixa dos vinte anos. Quando o encontrei ele estava tão doente que havia desenvolvido intolerância a antibióticos e se via forçado a buscar outra solução para a intensa dor física que chegava a paralisá-lo. Simon buscava desesperadamente uma vida espiritual significativa que fosse diferente do que havia recebido como filho de um conhecido ministro da Alemanha. Mas, sem o fundamento da terra para sustentá-lo, Simon com frequência literalmente viajava nas sessões comigo. Em um plano físico, ele usava somente os músculos para se manter ereto, em vez de contar com o suporte da coluna, o eixo de sustentação da vida. No final, ele acabou ficando sem apoio. Na verdade, Simon tinha pouca segurança em relação a seu corpo ou pouca segurança interior por sofrer de sentimentos de inferioridade ligados à masculinidade. Seu corpo adoeceu na região da próstata, ou seja, na região da masculinidade, no chacra da raiz.

No início da análise, tentei assentá-lo sobre a terra, na realidade. Seus desenhos invariavelmente traziam pouco céu. Em princípio isso pode parecer enganoso, já que seria de esperar que em seus desenhos predominasse o mundo superior à luz de sua constante busca pelo espírito. Mas, se olharmos por trás dessa busca, veremos que ele é de fato dominado pela matéria, pelo voraz feminino. A busca de Simon por algo superior, por viver a vida em plenitude, é uma tentativa de escapar da mãe voraz. A ausência de céu em seus desenhos demonstrava claramente sua busca pelo espírito, por uma ligação com o arquétipo do pai, que o colocava em uma posição favorável contra a mãe voraz.

Simon sofre de um complexo materno negativo.

Nunca fiz trabalho corporal com Simon, mas em todas as sessões estive atenta a seu corpo. Sua rigidez era consideravelmente suavizada por uma capacidade recém-encontrada de expressar seus sentimentos. Meses depois de iniciadas as sessões, ele relatou o seguinte sonho que teve depois de uma hora de análise:

> Vejo no ginásio da minha faculdade uma coluna formada por pessoas. Com seus corpos, as pessoas formam cada vértebra. Elas estão ligadas umas às outras colocando as mãos na barriga do homem ou mulher que se encontra diante delas. As pessoas têm grande capacidade de movimento nessa estrutura que ao mesmo tempo é muito estável. Estabelece-se forte confiança enquanto cada uma põe as mãos sobre a barriga daquela que está diante de si. Elas não se olham nos olhos. Elas estão umas atrás das outras e toda confiança vem de trás. Essa confiança na verdade vem do toque.

Esse sonho trouxe um aspecto horizontal compensatório para o ponto de vista vertical unilateral na vida de Simon. Surgia o início da consciência. Simon havia tomado contato com o homem original de Platão. Também ouvi relatos de sonhos em que parece haver confusão entre as abordagens horizontal e vertical da vida. Ambos os lados devem acontecer de uma só vez na dualidade da mente e matéria. Em nosso próprio corpo nunca devemos esquecer que o que estamos tentando atingir é um retorno à consciência de como éramos antes da criação do céu e da terra.

Retomando a noção de Jung de que a serpente está adormecida na região lombar, não no *muladhara*, como geralmente se considera, voltamos ao número cinco, à *quinta essentia*. Historicamente, o cinco está particularmente ligado à ascensão. David M. Knipe mostrou que o número três ilustra o cosmos vertical pressentido na elevação, atingindo o terceiro e mais elevado mundo (compreendendo os três mundos do céu, terra e o submundo)[189]. O quatro é o cosmos original que se estende aos quatro cantos da terra, e o cinco ao mesmo tempo é ambos e, portanto, a mais completa expressão do mundo em sua totalidade. Em seguida, o ponto central no cinco corresponde a todos os três mundos verticais bem como aos quatro cantos da terra, compondo a *quinta essentia*, aquela que é tudo e todos.

Retomando a lenda presente no Midrash, que afirma que anjos subiam e desciam pelo próprio Jacó, não pela escada, entendemos que Jacó se torna o foco da atenção dos anjos ao zombarem dele enquanto ele dorme esparramado ao solo, preso pela força da gravidade[190]. Deus lhe concede a terra sobre a qual estava deitado[191]. Jacó incorpora os aspectos físico e espiritual à medida que se deita no solo sonhando com anjos que sobem e descem por um eixo que fica entre o céu e a terra. A Bíblia nos conta como Jacó se preparou para o sonho que iria mudar sua vida:

> Partiu Jacó de Berseba e seguiu para Harã. Tendo chegado a certo lugar, ali passou a noite, pois já era sol-posto; tomou uma das pedras do lugar, fê-la seu travesseiro e se deitou ali mesmo para dormir[192].

Na mesma lenda do Midrash mencionada acima, encontramos o comentário que afirma que Jacó pegou não apenas uma pedra, mas doze, pressagiando que se tornaria o pai das doze tribos de Israel[193]. Doze era um número muito importante no laboratório de alquimia, pois significava o número de operações realizadas no processo de transformação de metais básicos em ouro. O número

---
[189] "One Fire, Three Fires, Five Fires: Vedic Symbols in Transition", em *History of Religions*, vol. 12, nº 1, agosto de 1972.
[190] Zornberg, *Genesis: The Beginnings of Desire*, pp. 191 e 192.
[191] Gênesis 28:13.
[192] Gênesis 28:10-11.

doze também está ligado ao tempo, por contarmos doze meses em um ano e doze signos no Zodíaco. Aqui o tempo é absolutamente preciso: somente nessa noite em particular Jacó se deita e tem o sonho revelador, conforme já exposto[194].

Mais uma vez, no Midrash, verificamos que Jacó coloca as pedras em volta da cabeça, não como travesseiro sob a cabeça, como se lê no Gênesis. Sua cabeça, portanto, torna-se o centro no meio das doze pedras que une todas as possibilidades nele. Conforme relata Zornberg, nota-se uma variação nas pedras que no Midrash Pirke Eliezer 35 descreve que as pedras vêm

> de um altar em que Isaque seu pai estava... e todas se tornaram uma pedra, para dizer a Jacó que estavam todos destinados a se tornar uma nação na terra... e de manhã, Jacó sentou-se para juntar as pedras (e recolocá-las no altar); e notou que haviam se tornado uma só, e a colocou como coluna... O que fez Deus? Ele estendeu seu braço direito e afundou a pedra na terra, como aquele que estabelece um marco. Por isso é chamado *Even Shetiya* — *A Pedra Fundamental do mundo*[195].

Na antiga Israel, essa Pedra Fundamental foi o primeiro material sólido a surgir nas águas da criação, foi a *prima materia* e sobre essa pedra o Ser Supremo criou o universo. De acordo com uma lenda judaica, foi sobre essa rocha primitiva que Jacó dormiu, local que depois nomeou Betel, cujo nome original era *Luz*. Podemos afirmar que, como o próprio Jacó se tornou a escada, ele também se tornou a pedra, unindo todos os elementos em si em uma imagem de totalidade. Paradoxalmente, também serve como meta de sua própria transformação;

---

[193] Zornberg, *Genesis: The Beginnings of Desire*, p. 196.
[194] Veja p. 117 deste livro.
[195] *Genesis: The Beginnings of Desire*, p. 198.

ele é o *lapis philosophorum* que une o noivo e a noiva. Jacó se apropria da força física de seu irmão Esaú, enganando-o e recebendo a bênção que era seu direito inato, assume sua "nova pele", e, ao ver sua amada Rachel pela primeira vez, remove a pedra da boca do poço[196]. O encontro de Jacó com sua anima é recontado no Midrash quando ele dá o passo decisivo de deixar a casa de seu pai:

> Quando Jacó deixou a presença de seu pai, saiu enfeitado como noivo e como uma noiva em seus ornamentos. E caiu sobre ele o orvalho reanimador do céu, e seus ossos se cobriram de gordura; e ele, também, tornou-se um atleta e lutador campeão. É por isso que se diz: *Pelas mãos do poderoso de Jacó, sim, pelo Pastor e pela Pedra de Israel*[197].

Somente após esse sonho revelador foi que Jacó conseguiu reunir forças e unir o masculino e o feminino em matrimônio. Metaforicamente, fez-se o primeiro homem da terra; o segundo resgatado veio do céu. Jacó, unindo todos os aspectos, manifesta o mundo completo, como Mercúrio, e serve como mediador entre o divino e o humano. Jung explica a necessidade de relacionamento entre esses dois mundos:

> O início é divino e o final é divino, e entre ambos se encontra o ser humano, o ser mais terrestre e mais celestial[198].

A união de tudo e todos no homem original de Platão ressoa no corpo sutil. Uma das pacientes de Jung, que não tinha conhecimento prévio sobre ioga, fez um desenho (Figura 30) do despertar da energia Kundalini. Nele vemos como ela conseguiu pressentir a energia feminina em espiral que surge do recipiente criado pela concen-

---
[196] Gênesis 29:10.
[197] *Pirke d'Rabbi Eliezer*, 32, citado em Zornberg, *Genesis, The Beginnings of Desire*, p. 178.
[198] *The Visions Seminars*, p. 294.

tração de energia.

Flexíveis porém inabaláveis, recebemos o amor do transcendente. O Sol e a Lua se unem na *susumna nadi* à medida que a respiração traz luz dourada para o sacro, levando-nos de volta a um período anterior e impulsionando-nos em direção ao início da era futura em que a criação ocorre em um corpo consciente.

Figura 30. O despertar da energia Kundalini.

BIBLIOGRAFIA

Afterman, Allen, *Kabbala and Consciousness*. Riverside-on-Hudson, NY: Sheep Meadow Press, 1992.
Anodea, Judith. *Wheels of Life*. St. Paul, MN: Llewllyn Publications, 1987.
Avalon, Arthur. *The Serpent Power*. Nova York: Dover Publications, 1974.
bem Shimon Halevi, Z'ev. *Adam and the Kundalini Tree*. Bath, G. B.: Gateway Books, 1985.
_____. *The Way of Kabbala*. Bath, UK: Gateway Books, 1976.
Birkhäuser-Oeri, Sibylle: *The Mother: Archetypal Image in Fairy Tales*. Toronto: Inner City Books, 1988.
Budge, E. A. Wallis. *The Gods of the Egyptians*. Mineola, NY: Dover, 1969.
Campbell, Joseph. *The Mythic Image*. Nova York: MJF Books, 1974.
Cirlot, J. E. *A Dictionary of Symbols*. Nova York: Dorset Press, 1971.
Cook, Roger. *The Tree of Life*. Londres, G. B.: Thames and Hudson, 1974.
Desikachar, T. K. V. *The Heart of Yoga*. Rochester, VT: Inner Traditions International, 1995.
Dowd, Irene. *Taking Root to Fly*. Nova York: Contact Collaborations, 1981.
Edinger, Edward F. *The Creation of Consciousness: Jung's Myth for Modern Man*. Toronto: Inner City Books, 1984.
_____. *The Mysterium Lectures: A Journey through Jung's* Mysterium Coniunctionis. Toronto: Inner City Books, 1995.
Eliade, Mircea : *The Forge and the Crucible: The Origins and Structures of Alchemy*. Chicago: University Press, 1978.
_____. *Images and Symbols*. Princeton: Princeton University Press, 1991.
_____. *Patterns in Comparative Religion*. Lincoln, NB: University of Nebraska Press, 1958.
_____. *Shamanism: Archaic Techniques of Ecstasy* (Bollingen Series LXXVI), Princeton: Princeton University Press, 1964.
_____. *Yoga: Immortality and Freedom* (Bollingen Series LVI). Princeton: Princeton University Press, 1958.

Epstein, Perle. *Kabbala: The Way of the Jewish Mystic.* Boston: Shambhala, 1988.
Feuerstein, Georg. *Yoga: The Technology of Ecstasy.* Los Angeles: Jeremy P. Tarcher, 1989.
Finkel, Avraham Yaakov. *In My Flesh I See God.* Londres, G. B.: Jason Aronson, 1995.
Franklin, Eric. *Dynamic Alignment Through Imagery.* Champaign, IL: Human Kinetics, 1996.
Frazer, James G. *The Golden Bough.* Abridged ed. Londres: Papermac, 1987.
Ginzberg, Louis. *Legends of the Bible.* Philadelphia: The Jewish Publication Society, 1956.
Gosh, Schyam. *The Original Yoga.* Nova Delhi: Munschiram Manoharlal Publishers, Ltd., s.d.
Gottlieb, Freema. *The Lamp of God.* Londres, G. B.: Jason Aronson, 1989.
Graves, Robert. *The Greek Myths.* Middlesex, G. B.: Penguin Books, 1955.
Harding, M Esther. *Psychic Energy: Its Source and Goal.* Washington, DC: Pantheon Books, 1947.
Hardy, Friedhelm, *The Religious Culture of India.* Cambridge, G.B.: Cambridge University Press, 1994.
Hatha Yoga Pradipika. Munger, Bihar, India: Bihar School of India, 1993.
Heschel, Abraham Joshua. *God in Search of Man: A Philosophy of Judaism.* Nova York: Farrar, Straus e Giroux, 1995.
Howey, M. Oldfield. *The Encircled Serpent.* Nova York: Arthur Richmond Company, 1955.
The I Ching or Book of Changes (Bollingen Series XIX). Trans. Richard Wilhelm, Princeton: Princeton University Press, 1967.
Isler, Gotthilf. "The Kiss of the Snake." Não publicado.
Jerusalem Bible. Jerusalem: Koren Publishers, 1992.
In The Image of Man: The Indian Perception of the Universe through 2000 Years of Painting and Sculpture. Hayward Gallery, Londres, 1982. Londres: The Arts Council of Great Britain, 1982.
Jung, C. G. *The Collected Works* (Bollingen Series XX), 20 vols. Trans. R. F. C. Hull. Ed. H. Read, M. Fordham, G. Adler, Wm. McGuire. Princeton: Princeton University Press, 1953-1979.

_____. *Letters* (Bollingen Series XCV). 2 vols. Ed. G. Adler. Princeton: Princeton University Press, 1973-1975.

_____. *Modern Psychology: Notes on Lectures Given at the Eidgenössische Technische Hochschule, Zurich, 1938-40.* Zurique: C. G. Jung Institute, 1959.

_____. *Nietzsche's Zaratustra* (Bollingen Series XCIX). 2 vols. Ed. James L. Jarrett. Princeton: Princeton University Press, 1988.

_____. *The Psychology of Kundalini Yoga* (Bollingen Series XCIX). Princeton: Princeton University Press, 1996.

_____. *The Visions Seminars* (Bollingen Series XCIX). Ed. Claire Douglas. Princeton: Princeton University Press, 1997.

Jung, Emma, e von Franz, Marie-Louise: *The Grail Legend.* Boston: Sigo Press, 1986.

Knipe, David M. "One Fire, Three Fires, Five Fires: Vedic Symbols in Transition." *History of Religions,* vol. 12, nº 1 (agosto, 1972).

Kohn, Livia. *Taoist Meditation and Longevity Techniques.* Ann Arbor, MI: Center For Chinese Studies, 1989.

Krishna, Gopi. *Living with Kundalini.* Boston: Shambhala, 1993.

Kushner, Lawrence. *The River of Light.* São Francisco: Harper and Row, 1981.

Leeming, David Adams, e Leeming, Margaret Adams. *A Dictionary of Creation Myths.* Oxford: Oxford University Press, 1994.

Lindsay, Jack. *The Origins of Alchemy in Graeco-Roman Egypt.* Londres, G. B.: Frederick Muller, 1970.

Lundquist, John M. *The Temple: Meeting Place of Heaven and Earth,* G. B.: Thames and Hudson, 1993.

Maguire, Anne. *Hauterkrankungen als Botschaft der Seele* (The Fire and the Serpent). Olten, Alemanha: Walter-Verlag, 1991.

Murche, Guy. *The Seven Mysteries of Life.* Boston: Houghton Mifflin, 1978.

Myers, Esther. *Yoga and You.* Toronto: Random House, 1996.

Myers, Esther, e Lynn Mylie. *The Ground, the Breath & the Spine.* Toronto: publicação própria, 1990.

Patai, Raphael. *The Jewish Alchemists.* Princeton. Princeton University Press, 1994.

Perera, Sylvia Brinton. *Descent to the Goddess: A Way of Initiation for Women.* Toronto: Inner City Books, 1981.

Purce, Jill. *The Mystic Spiral: Journey of the Soul.* Londres, UK: Thames and Hudson, 1974.

Radha, Swami Sivananda. *Hatha Yoga: The Hidden Language,* Spokane, WA: Timeless Books, 1995.

Radhakrishnan, Sarvepalli, e Moore, Charles A., eds. *A Sourcebook in Indian Philosophy.* Princeton: Princeton University Press, 1957.

Sansonese, J. Nigro. *The Body of Myth.* Rochester, VT: Inner Traditions International, 1994.

Scaravelli, Vanda. *Awakening the Spine.* Londres, G. B.: Aquarian Press, 1991.

Scholem, Gershom. *The Messianic Idea in Judaism.* Nova York, Schocken Books, 1971.

Seton-Williams, M. V. *Egyptian Legends and Stories*. London, G.B.: The Rubicon Press, 1988.
Stewart, Mary. *Yoga*. Londres, G. B.: Hodder and Stoughton, 1992.
Tansley, David V. *Subtle Body: Essence and Shadow*. Londres, G. B.: Thames and Hudson, 1977.
Kohn, Livia, ed. *Taoist Meditation and Longevity Techniques*. Ann Arbor, MI: Center for Chinese Studies, 1989.
Todd, Mabel E. *The Thinking Body*. Princeton: Princeton Book Company, 1937.
Unterman, Alan. *Dictionary of Jewish Lore and Legend*. Londres, G. B.: Thames and Hudson, 1991.
The Upanishads. Trans. Eknath Easwaran. Tomales, CA: Nilgiri Press, 1987.
von Durkheim, Karlfried Graf. *Hara: The Vital Center of Man*. Londres, G. B.: Mandala Books, 1977.
von Franz, Marie-Louise. *Alchemy: An Introduction to the Symbolism and the Psychology*. Toronto: Inner City Books, 1980.
_____. *Aurora Consurgens*. 2ª ed. Toronto: Inner City Books, 2000.
_____. *Creation Myths*. Ed. revisada. Boston: Shambhala, 1995.
_____. *The Feminine in Fairy Tales*. Dallas: Spring Publications, 1972.
_____. *The Interpretation of Fairy Tales*. Boston: Shambhala, 1996.
_____. *Number and Time*. Evanston, IL: Northwestern University Press, 1979.
_____. *On Dreams and Death*. Boston: Shambhala, 1987.
_____. *The Psychological Meaning of Redemption Motifs in Fairy Tales*. Toronto: Inner City Books, 1980.
Westman, Heinz. *The Springs of Creativity*. Wilmette, IL: Chiron, 1986.
White, David Gordon. *The Alchemical Body*. Chicago: University of Chicago Press, 1996.
Wilhelm, Richard, trans. *The Secret of the Golden Flower*. Nova York: Harcourt Brace Jovanovich, 1962.
Woodman, Marion. *Addiction to Perfection: The Still Unravished Bride*. Toronto: Inner City Books, 1982.
_____. *Conscious Femininity: Interviews with Marion Woodman*. Toronto: Inner City Books, 1993.
_____. *The Ravaged Bridegroom: Masculinity in Women*. Toronto: Inner City Books, 1990.
Woodman, Marion, e Dickson, Elinor. *Dancing in the Flames*. Toronto: Alfred A. Knopf, 1996.
Zimmer, Heinrich. *Myths and Symbols in Indian Art and Civilization* (Bollingen Series VI). Princeton: Princeton University Press, 1972.
Zornberg, Avivah Gottlieb. *Genesis: The Beginnings of Desire*. Filadélfia: Jewish Publication Society, 1995.